金塊文化

打開致富開關

別把沒錢當習慣

陳建志 ◎著

目錄

C·O·N·T·E·N·T·S

推薦序一

讀著建志幼時因父母離異而寄人籬下的悲情往事，我不禁回憶起自己從平溪礦村的窮困童年，到剷煤賺取學費的打工少年，一路走來，懷抱著不向命運低頭的勇氣與信心，我們走出了人生的康莊大道。而難得的是，建志樂意傳播自身的成長經驗，不吝提供「打開致富開關」的心法，分享給身處工作困境或出身平凡的人一把通往成功與幸福的鑰匙；也以親身力行的理財專業，指引讀者做好退休理財的規劃，圓滿幸福人生。

《打開致富開關》是一本成長之書，也是助人之書，而一路打開開關與始終心存助人善念，應該是建志在職場上得以邁向卓越的重要原因吧！

不論出身家境或成長背景，不論時代如何變遷，人的一生總會遭遇大大小小的困難，在當下感到沮喪或困擾。而面對卡關的時刻，建志體悟到打開開關的心法，因而能一次又一次走出負面的情緒，擺脫陰暗的處境。

在母親北上賺錢無力陪伴他的年少時期，他打開心境的開關，不僅走出自怨自卑，也看到母親的堅韌與愛，從而得到奮鬥的力量；在任職外商銀行遭逢金融海嘯市場大崩盤、理專同事紛紛離職之際，他打開能量的開關，不僅化解客戶的抱怨與擔憂，陪著客戶等待投資標的價格回檔而建立革命感情，更體認到和客戶的關係不只是朋友，而應是家人，這樣的信念奠定他今日成為卓越理專的基石。

自加入遠東商銀以來，他年年締造紀錄，不知已從我手中拿過多少個星光大獎，為自己創造了無人可以取代的價值，也為客戶與社會做出了貢獻！

沒有困難永遠駐足，人生與工作如此，理財亦如此，尤其年輕朋友，有著漫長的前程與無窮的可能性，不論做什麼事，只要不輕易放棄，願意打開開關，一心一意堅持做下去，在通關之後，永遠會有一個更高遠、更遼濶的風景在眼前展開。走過礦村童年的我，曾經居無定所的建志，都打開開關，見識了燦爛美麗的人生風景，我相信建志一定還可以看得更高、更遠，也祝福讀者都能從這本書中得到行動的能量，走出自己的天空，寫下精彩的人生故事！

遠東商銀總經理　**周添財**

推薦序二

建志一直以來都是一個相當認真負責可靠的工作夥伴，很少聽他提起自己的成長過程、工作經驗，但看完這本書之後驚覺，這原來就是他前半段人生的奮鬥縮影，對比現在的優秀表現就不足為奇了。

每個人的成長背景都會影響他未來的生活方式及行為模式，有過去的這些成長經驗，也一定會影響到他現在的做法跟未來的想法。從書中提及的理念對照，確實跟他平時的行為相當符合，那些過往辛苦的經驗及成長的背景，都已內化為他成長的養分，因此他對事情的觀察特別敏銳，特別細微，這本書可說是他前半生的記錄。

每個人都有自己信仰的哲學與理念，建志有他的堅持，希望能夠把他過去的成功經驗複製給更多的人，幫助更多的人，這是非常難得的想法與初衷。

成功的路徑其實都是一樣的，知道自己要什麼，所以不會後悔，也因為知道是自己想要的，所以遇到困難就覺得只是過程，因為堅持所以做得久、做得深，做久了、做深了，就能看到成果，這就是所謂的成功。

建志就是做了這三件事：找到自己，找到自己想做的事，最後努力做到最好。在堅持努力的過程中，有很多時候會有連自己都意想不到的驚奇出現。

這本書不僅是建志前半生的成功奮鬥史，也是一份啟發心靈的精神食糧，更重要的還是一本相當實用的理財操作手冊，在書裡面可以得到許多理財觀念的建立跟實際操作的方法，深入淺出，易讀易懂。

書中提及一個成功理專必須打開的五個核心開關：信念、堅持、學習、行動、感恩，這也是我觀察到他每天在做的事。真理是需要被實踐的，不斷地堅持，用心地學習，還有行動力的展現，最後就是感恩那些曾經幫助過你的人，還有那些給過你苦頭吃的人，這些人都幫助你成為更好的人。

尼采說：「一個人知道自己為什麼而活，他就可以忍受任何一種生活」，我相信建志已經找到了這個關鍵的開關，並且已經成功地打開了它。

遠東商銀大稻埕分行經理 黃建斌

推薦序三

逆境奮起，我的命運我決定

建志是我在老東家遠東商業銀行認識的小老弟。嚴格講，若不是彼此有心聯繫，我們應該只有一層薄薄的「同事」關係，不可能有厚厚的「朋友」緣分。此話怎說呢？因為我長年在南部的分行任職，他則都在北部的分行打拼。要有交集的機會真的很少，除非公司舉辦課程，或是年度的頒獎盛會，才有可能碰頭聚首。但我們卻能在這種機率極低的場合互通有無，彼此熟識。

會有這種緣分，大抵是以下兩個原因造成的。其一，他是頂尖的業務高手，吸引我的目光；其二，我是分行的傑出經理人，讓他發現我的存在。沒錯，因為他的業績非常亮眼，讓我想要找他聊聊他經營客戶的心法；也因為我領導的分行績效突出，讓他對我的管理思維感到興趣。就這樣，我們把握每年極少次的見面機會，逐年建立起比一般同事還要深一層的「朋友」關係。

近年，看著建志一路成長，我有幾個觀察可以跟讀者分享：

建志的人生目標非常清楚：

書中，建志闡述他的職涯發展，就是非常明確地走在理財的道路上。他開發客戶，深耕客戶，也與客戶一起成長，數十年如一日。也因為定著力夠，穩定度強，讓客戶信任他，甚至不斷地幫他介紹客戶，讓他績效卓著，成績斐然。在我看來，他雖然只是立了一個明確的目標，看似簡單，卻是許多上班族遺忘的初衷。

建志投資自己非常強烈：

拜臉書連結所賜，我常常從臉書看到建志為了學習成長，不斷的上課進修，關於這點，我覺得非常難能可貴。因為金融圈裡的理專，每天忙業績、照顧客戶、關注國際財經局勢已經夠忙了，下班幾乎累癱了，可是建志還是願意經常自掏腰包上課聽演講，甚至包含假日也是如此，沒有強大的學習動能是很難做到的。

建志堅持意志非常明確：

我喜歡書中的這句話：「瘋子的夢想加傻子的堅持」，這算是建志成功的方程式之一。「不做不會怎麼樣，做了就會不一樣」，是建志身上顯而易見的特質。他極度明白自己想要過怎樣的人生，也透過積極的行動與努力，達成自己設定的里程碑。他想要脫貧，更想要傑出，但他不會好高騖遠，紮紮實實地踏出穩健的步伐，邁向成功，這必須有過人的堅持意志才能做到。

我虛長建志幾歲，看著他書中的文字，也讓我走回時光隧道，重溫自己人生的過往。我發現，我們有著幾個共同的特點。第一，學生時期都吃過不少苦；第二，喜歡從事業務工作；第三，熱衷於上課學習成長。或許是這些相同特質的牽引，讓彼此一拍即合，互相激勵。所以，當建志請我寫序推薦這本好書時，我當然樂於把這本書分享給仍在職場打拼的工作者。

這本書是一把鑰匙，歡迎「打開開關」。

迷克夏國際有限公司副總經理兼董事長特助 吳家德

推薦序四

當下的選擇，日後都會變成華麗的存摺

建志的成長過程跟我有點像，我也是白手起家，一步步建立起未來方案數十家品牌行銷集團。很多人問我為何能成功，我總告訴他們，因為年輕時我們沒因口袋沒錢就屈服。人生不是鼓勵就是激勵，肯定你的叫鼓勵，不肯定你的就當作是激勵，當經濟態勢還撐不起你的夢想時，那就該學習怎麼努力去拼搏。

我跟建志就是經常一起學習討論的好友，很多人看到別人成功了，就覺得他只是「幸運」。其實幸運只有三種：第一種就是做什麼都能「遇到」幸運；第二種是做什麼都能「創造」幸運；第三種就是做什麼都「需要」幸運。很多人不容易成功就是因為努力不夠，運氣也不夠，但建志的幸運來自他對市場進行分析、累積經驗，加上正確的財務知識，才能靠著自己的工作專業持續有收入，也因為幫助客戶成功獲利，為自己累積更多的財富。

「窮」跟「富」的差別，其實不是收入的多寡，也不是你出身的狀態，而是你對未來夢想的大小。老天爺給有錢人跟沒有錢的人失敗率是一樣的，只是有錢人失敗了會比你慘，所以他們不敢放棄投資跟成長。

如果把人生當成一本書，滿足現狀就會停止前進，你未來人生的每一頁都可以寫上「同前一頁」，那這本書還有什麼好看！建志的成長過程就像是一本非常勵志的理財暢銷書，他並沒有因為家庭狀況而自怨自艾，反而懂得從年輕時就開始透過學習投資自己的腦袋，努力念完研究所，畢業後進入銀行上班，從一名銀行催收員開始幹起。這是一個吃力不討好的工作，因為透過電話跟人要錢，對方一定沒有好口氣，要來的錢卻不是你的，但很多人甘願一輩子就做這樣簡單的工作，建志卻因此發現大家欠錢的原因，思考轉換跑道。

他決定投資自己的人生，尋求幫助更多人脫離貧窮的方法，所以當他成為理專之後，接觸到許多有錢人，努力靠著自己的誠懇與細膩，獲得客戶的信任，打下堅實的人脈關係，最後因為幫助客戶賺了錢，業績跟著提升，更加讓他累積了驚人的圈層人脈。

成功需要不斷累積自己的實力，如果我們從建志成功的過程來看，他其實打開了人生一個很重要的開關，這個開關叫做「投資」，他的投資不一定都是金錢，除了錢之外，還有更多我們值得學習的，例如：他年輕時投資學業、畢業後投資職業、入行後投資專業、接著靠誠懇投資了人脈，最後贏得了客戶及朋友對他的信賴。這一連串的投資，累積到最後就是「信賴」兩個字，這又幫他打開了人生的另一個開關。

當你的人生存摺裡存滿了知識、專業、人脈、信賴，它不但會隨著時間自動產生利息，還能看到豐盛積蓄，怎麼可能還需擔心缺乏金錢。所以我常鼓勵身邊的年輕人應該多向建志學習，把投資當作每天必需的工作，不要擔心沒錢投資，而是在每個階段都投資自己，建立投資標的，財富自然會上門來找你。

我們不會永遠渺小，只要你的夢想比別人大，不怕沒錢，怕的是不知道如何將手上那一點錢放大，有了大錢也要知道該怎麼花。景氣不好其實是翻身的機會，沒有口袋就拼腦袋，建志憑著專業能力，每年拿過無數獎項，但得獎並不是他最在意的事，因為每一個獎項背後都代表著一群客戶的信任與責任。

想要成功難免得面對失敗，但當你跌倒時，順便看看地上有沒有什麼可撿的。你要用與別人不同的角度看世界，只要能看清局勢，化危機為轉機，客戶會因此感動而更加信賴你，與你締結革命情感，人生自然會像打開的開關，成功源源不絕而來。

未來方案品牌傳播集團執行長 高文振

推薦序五

人生就像電玩，有人刷紀錄，有人Game over

當建志邀請我寫推薦序時，我很為難，一來我對理財沒概念，二來我已稿債高築，實在沒把握把書看完，並完成推薦序。於是，我請建志先寄書稿讓我閱讀，沒想到，這一讀就把整本書讀完了。神奇的是，當初的兩個為難竟然迎刃而解，第一，我對理財更有概念了。第二，這本書不僅熱血，而且有趣好讀。你說，我還有理由不為這本書寫推薦序嗎？

「人生就像電玩，有人刷紀錄，有人Game over。」這是我讀完這本書得到最大的啟發。建志的人生，就像在玩「超級瑪莉」，前面有烏龜、食人花、火球、斷崖，他就是不斷地往前衝、向上跳，沿路吃到很多金幣。有時過關，救了路姬公主；有時卡關，被大小怪群起圍攻。螢幕上浮現了「Game over」，多數玩家大罵一聲「幹」，就不玩了，但建志永遠是會按下「continue」的那位玩家。

按下「continue」還不夠，他會仔細想想該怎麼躲過食人花、穿過火球陣、跳過懸崖，以及如何吃到超級星星，加速衝刺。拒絕在同一個地方跌倒，就是他的遊戲策略。

是的，《打開致富開關》就是這樣一本「勵志理財書」。在現實生活中，建志是一位出色的理專，幫助客戶管理幾十億元的資金；也因為投資有道，四十歲不到就累積了四千萬元的資產。你或許會發出「哇！」的讚嘆聲，但請你先收回，因為看一個成功人士，你要看的不是光環，而是他的「奮鬥方式」與「思維模式」。

若用一條線性發展來總括建志的人生，我會這麼定義：「匱乏→學習→勤快→富有」。生於單親家庭，經濟困窘，看著母親付出，讓建志立志脫貧，讓家人過更好的生活。那要怎麼脫貧呢？他發現學習就是最好的投資，所以大學念數學、研究所念經管、考取各種證照，奠定理專的知識基礎。接著，建志想的是要怎麼成為出色的理專呢？他決定以「勤快」決勝負，不拚一時，拚的是誰氣長。

他跟便利商店拚營業時間，只要客戶需要，理專絕不打烊；他趁假日去上班，請客服人員把客戶詢問的電話轉接給他，趁機會介紹他的理財規劃；他把客戶當家人，老客戶摔傷難以就醫，他竟當了客戶兩三個月的司機，載客戶到醫院看診復健。最後，建志扭轉了他的人生，他的富有，不在於累積多少資產，而在於贏得客戶們的信任。

「窮人有兩個非常典型的心態，一是永遠對機會說『不』；二是總想一夜暴富。」這是美國成功學大師拿破崙．希爾所說的。若用一句話來推薦這本書，我會說，這是一本「人生脫貧指南」，而建志完全將拿破崙．希爾的話發揮到淋漓盡致，他永遠擁抱機會，絕不把機會拒於門外；他永遠踏實存錢，因為他知道賺到的一塊錢不是一塊錢，只有存起來的一塊錢才是一塊錢。

跟著建志一起「打開開關」吧！人生就像電玩，那些能刷新紀錄的高手，不是因為他們從不Game over，而是在Game over的瞬間，他們毫不猶豫按下continue，所以他們破關，贏得財富自由。

知名桌遊講師、演說教練 **歐陽立中**

自序

為何書名要訂為《打開致富開關——別把沒錢當習慣》，我一生到目前為止的故事，說起來就是不斷打開一道道開關的過程。打開人生的開關，一路在理專的路上打拚，幫客戶理財，也為自己打開致富的開關。這本書要傳達的是，自己從事理專工作十幾年，一路堅持、永不放棄的信念，希望幫助有心踏入理專這個行業的年輕人，提供他們打開從事理專業務開關的鑰匙，也讓有意透過理財累積財富的民眾，認識各項理財工具，並打開致富開關。

理專，顧名思義，就是運用專業的理財知識，提供客戶理財規劃的建議和操作，但這份整天與錢打交道，外人眼中「金光閃閃」的工作，並不是每個人都能賺到大錢。根據我的觀察，投入這個行業必需要付出一百五十％的努力，因為要成為這個領域的前五％，才能賺到大錢，所以如果你不能全心全意衝到前面，就只能領微薄的收入。要知道，只有前五％的人才可以月入十萬元以上，其他九十五％的理專收入都一般，甚至過苦日子，理專新手一定要想辦法打開頭腦的開關，進入成功的前五%。

我自己一踏進理專這個行業，就不曾放棄過對這份工作的熱情，至今始終如一，我在公司的客戶開發成績是全國第一，單是一年，個人就可以創下三億多元的資金量，我當理專的第一年，年收入僅五十幾萬元，到現在年收入超過五百萬元。

以下是我歸納自己成功的五個重要關鍵：

1.信念：對工作有著和別人不一樣、獨特的想法。

2.堅持：不放棄、有信心、自己一定可以的堅持。

3.學習：打開自己的心，多學習成功者的經驗，並且不斷自我進修，提供客戶更專業的知識。

4.行動：不斷行動操練，大量實務操演不同案例。

5.感恩：感謝身邊所有的人，每個人都是你的貴人，時時抱著感恩的心，才能離貴人更近。

我看到很多年輕人從事理專工作只是為了要賺錢，但因為不夠專一，想要這邊試一下，那邊試一下，最後因不夠努力，而賺不到什麼錢。我要以自身的經驗告訴這些年輕人，你只要專注，全心全力放開手去做，就會有跳躍式的成長，幫助自己打開人生財路的開關。

同時，在帶領客戶投資理財的路上，我也看到許多客戶因為對理專的信任，賺進一籃子一籃子的財富；但也惋惜有些人高買低賣、半路殺出，只因沒有做好資產配置，以及理財觀念不正確。其實只要努力工作，把賺來的錢買對適合自己的產品，好好理財投資，就能為自己儲存養老金，安養天年。

理專是一份快樂又辛苦的工作，一路走來，除了要感謝老婆和兩個孩子的體諒，也特別要把這本書獻給我偉大的媽媽，她自己生活節儉，從家庭理髮、搬家公司、還兼職清潔工作，一生辛勞把我和哥哥撫養長大，雖然我和哥哥都已經有經濟能力照顧她，但直到現在，她還是閒不下來，持續以勞力賺錢，沒有媽媽的愛護與栽培，就沒有今日小有成就的我！

第1個開關

努力打工，大學畢業前存到第一桶金

缺乏安全感的童年

我在一九七八年一出生，父母就已經離異，大我一歲的哥哥由爺爺照顧，我則是跟著從事理髮工作的媽媽，而因為媽媽要工作賺錢，小時候就把我寄養在親戚家，先是跟大阿姨住在台中，到了上幼稚園的年紀，再轉到台北和三阿姨同住。媽媽靠著幫人理髮、四處打工賺取生活費，辛苦把我撫養長大。

一直到了國小六年級，我十一歲時，媽媽找到了依靠，再婚後和繼父一起經營搬家公司，待經濟狀況逐漸穩定後，把我接去同住，我才擁有了一般孩子該有的正常家庭生活。

媽媽娘家有四個女兒、一個兒子，她在家排行老四，是最小的女兒，因傳統社會重男輕女，家產都由舅舅繼承，女兒要靠自己謀生。我小時候，大阿姨和三阿姨都很疼我，對待我和她們自己的孩子沒有什麼差別，但因為阿姨們各自也有小孩，自己一直有寄人籬下的自卑感。

回想小時候，有幾個很深刻的畫面浮現。一次在吃飯時，看到桌上餐盤只剩下一支雞腿，很想吃，但又不好意思動筷子，一直推辭，後來惹得阿姨生氣還被打，她說：「叫你吃就吃」，然後我就自己一個人邊哭邊吃完雞腿。另一次是端午節，民間傳統有用午時水泡艾草去穢的習俗，國小時我寄住在小阿姨家，因為家裡小孩眾多，有兩個表姊、一個表哥、一個表妹，每年端午節一到用午時水時，我總是自動排到最後一個擦臉、擦手。

經歷這些往事，小時候不懂，漸漸長大後，理解背後的原因是自卑的心理作祟，因為正常家庭長大的孩子，不會畏首畏尾，不會不敢隨意動筷子，或是自動地排到最後一個沐浴淨身，但我從小會不自覺地展現自卑、沒自信的一面。

小時候也比較孩子氣，認為媽媽棄我於不顧，不懂她為何不能陪在身邊，直到有一次媽媽來探望我，離開前，看到她拿生活費給阿姨，這一幕對我來說很重要，我對那個畫面很有感觸，開始體會到媽媽迫於生活的無奈，因為要工作賺錢，才無法和我住在一起，也幫我突破了心房，瞬間才發現媽媽的愛，覺得自己要更堅強，所以之後和媽媽分別時，再也不會拉拉扯扯或是哭鬧。我想，有些單親或貧困家庭的小孩跟我一樣有著類似的成長經驗，長大後慢慢就能體會和諒解媽媽的辛苦，以及懂得賺錢改善生活的重要性。

雖然是在艱困的環境下成長，但我並沒有因而像一些特殊家庭的孩子一樣，走不過心理的關卡，因為我會透過和自己對話和轉念，把逆境當成是砥礪自己前進的動力，沒有走岔路，讓自己走在正確的道路上。長大後，想起大阿姨、小阿姨對我童年時的照顧之情，一直感恩在心，有空時也會和媽媽到幾個阿姨家裡走走，聊聊往事。

而也因為從小「窮」，缺乏安全感，所以我更珍惜每個可以賺錢及努力工作的機會，不會想要快速致富。有些職場新鮮人可能找了一份工作做不好，不高興就再換另一份，反正家中有爸媽可以依靠，這也是為何理專這一行汰舊換新很快的原因，而我沒有退路，因為我就是自己的靠山，一定要想辦法生存下去，我求生慾望強烈，因為從小受那麼多的苦，讓我深深體會「吃得苦中苦，方為人上人」。

腦海中的親生父親一片模糊

我腦海中父親的形象相當模糊，因為出生後沒見過父親幾次，對父親的印象都來自聽長輩說，只知道祖先原本是台北的望族，不過到了爺爺那一代就開始家道中落。爸爸是家中最小的兒子，從小受寵，好逸惡勞、好賭，想一步登天，因此一事無成，最後連孩子的奶粉錢都輸光了。媽媽當時很辛苦，即使懷孕，還是要外出工作，幫人打掃，賺錢貼補家用，不然孩子就要餓肚子了。

爸媽離婚後，爸爸原先開計程車，後來改開貨車，一直居無定所，哥哥其實是由爺爺帶大，在我高二時，爺爺去世，父親沒有辦法照顧哥哥，媽媽只好也把哥哥接過來同住，還付了一筆錢給父親，避免將來糾纏不清。

媽媽再婚後，和繼父在台北經營搬家公司，那幾年景氣好，生意相當不錯，我在十一歲到十六歲，假日時會幫忙搬家的工作，繼父很開明，照算工資給我，他也認為應該給有心工作的人機會，所以僱用的搬家工人不會因為是更生人而不錄用，由於薪資是抽佣制，也就是做越多賺越多，並且免費提供住宿，極盛時期，工人最多有三十幾個，有時還要外包。

那段期間家裡的收入雖然不錯，但媽媽一度被好朋友倒會六、七十萬元，這在當時是不小的數字，因為媽媽是「會頭」（起會人），要嘛就是「跑路」，不然就要扛起責任善後，而她選擇後者。經過這件事，我漸漸體會到，媽媽把債務擔下來是對的，因為這讓她的信用在親朋好友間還繼續存在。人的信用只要不破產，一定有機會可以東山再起，反而是當年倒會「跑路」的人，事隔多年到現在仍然沒有還錢，雖然一時佔了便宜，但後來的際遇也不好，因為在親友面前抬不起頭來，還要面對人們背後的指指點點。

由於公司經營有起有落，在業務量衰退那一段時間，家中一度差點連我念書的學費都繳不出來。記得聽到媽媽和繼父討論，因為沒錢，可能要讓我休學，這對我來說是很大的打擊。為了讓我繼續升學，媽媽除了白天在搬家公司的工作之外，晚上也兼職幫人打掃賺錢，再苦也要把學費攢出來，堅持一定要讓我好好讀書。這段小時候差點不能上學的經歷，深深影響著我，從中我也學到了，為了明哲保身，長大後絕不借錢、不跟會、不當保人。

家裡經營的搬家公司生意曾風光好幾年，但後來因市場競爭激烈，要靠登廣告搶生意，再加上搬家是勞力工作，長期施力會有職業傷害，工人年紀漸漸大了，身體陸續出現問題，且我和哥哥也都無意接手，繼父急流勇退，把搬家公司轉手他人經營。

媽媽後來重操舊業做美髮，兼著幫人打掃，繼父則是頂了一家腳踏車行營生。但繼父後來因為收入不穩定，經常會伸手向媽媽、我和哥哥拿錢，他每次想借錢時，就會煮飯請我們一起吃，但那頓飯很「難吃」。繼父後來四處借貸，欠了一屁股債，讓我初識欠債的可怕。我出社會後，曾擔任一年的銀行催收員，發現一個人負債時，不會只向單一個人借，會四處借，繼父當時就是那種狀況，讓我壓力頗大。

我從小在貧窮的環境下長大，深刻地體會到，人窮的時候，最恐怖的不是失去工作熱情、不是喪失對人的關心，而是徹底失去對生活的勇氣和信心。繼父原本經營搬家公司，員工薪資用利益分享的觀念，按件拆帳，不用給固定的薪水，工人只要努力工作就有酬勞，所以我觀察到大家工作都很賣力，靠著這種利潤共享制度，讓公司在業界打下一片天，很多工人都靠過來做。不過，後來因市場競爭，搬家公司收起來，沒了事業，我從繼父身上也看到，人沒了舞台，就沒了鬥志。

因為腳踏車行生意不穩定，繼父身邊沒有多餘的錢，期間也曾試過多種不同的生意，但都不順利，可能為了尋找自我存在的價值，他開始去一些風月場所，並在賭坊打麻將，四處借錢，無法善後，輸錢回家還會對媽媽動粗，最後緣盡，媽媽借了一筆錢給繼父，兩人離婚收場。

因為親眼見證繼父的人生，打開了我心中一個重要的開關，那就是我以後一定要好好工作，幫媽媽把錢賺回來；另外，我也從繼父身上看到，規劃退休生活很重要，一定要理財存好老本，老了才會活得有尊嚴，也才能去做自己想做的事。

生父和繼父都因為好賭，想不勞而獲，雖然是錯誤的價值觀，但也算託他們的福，讓我體認到賺錢要穩紮穩打一步一步來，所以日後我靠自己的方式，享受賺錢的快樂，努力創造自我價值。

我覺得媽媽很偉大，她辛苦一輩子，勤奮工作又省吃儉用，不想給孩子負擔，先後結束兩段婚姻。媽媽是個好女人，不過很可惜，兩段婚姻都沒有遇上對的人。

我後來走上理專這條路的重要原因，就是深深感受到上一代人生活得很辛苦，也有些人像我媽媽一樣，一直工作，閒不下來，但賺的都是辛苦錢，如果好好理財，生活應該可以過得更好一些。

擁數學天賦，求學過程一路順遂

雖然我在貧困環境長大，但從小獨立，並要求自己凡事全力以赴。讀書時知道像林肯、愛迪生、王永慶等國內外名人，他們也都是出生在貧苦家庭，但因為從小奠定了智慧、品德和體力等良好基礎，加上不斷努力，才能獲得成功。我不敢自比偉人，但是深知「一分天才，九分努力」的意義。

回想小學的求學過程，有些迷惘，因為沒有爸媽在身邊，不知道讀書的意義。但感謝老天爺，可能天生資質不錯，有點小聰明，雖然不怎麼用功讀書，成績在班上總還是能維持前幾名。國中時，學校數學科競試，全校五百多人，我考了第五名，這可能是因為我的數學邏輯思考及組織判斷能力還不錯的原因。

國小六年級時，媽媽接我過去和繼父同住，因為搬家公司生意好，經常人手不足，而我從小體格就不錯，在假日，甚至半夜，會幫忙搬家的工作，算是分擔家計，自己也賺些零用錢。

說起搬運家具這些勞力活，除了要有力氣之外，其實還有借力使力的「眉角」。我常拿張椅子當裝載的工具把東西搬下樓，又把椅子再拿上樓，一起工作的叔叔們都會笑我「夯枷（台語）」，就是多此一舉，其實拿張椅子「靠勢」，就是多個施力點，這是槓桿原理，會使搬東西時比較輕鬆。

搬家公司靠的是勞力賺錢，大環境好，只要願意工作就有錢賺，會開車的司機一個月可以賺十萬元，不會開車的工人月收入也有六、七萬元，那時大學畢業生起薪三萬多元。因為在這樣的環境中長大，當時就覺得念書沒什麼用，讓我找不到讀書的目標，對升學完全沒有想法。

念高中時，家裡的搬家生意逐漸走下坡，我到一家牛排館打工，一個月有六、七千元的收入，這些錢對一個學生來說蠻不錯的，牛排館的老闆娘人很好，對員工也和善，但媽媽擔心我顧著打工賺錢會荒廢了學業，特別跑去跟店家商量，老闆娘才勸我，「家裡要你讀書是為你好」，我才沒再繼續工讀。

就學期間，我的數學成績一直還不錯，高中老師覺得我是可以成為黑馬的學生，但因為當時對讀書沒有信念、沒有熱情，成績就是衝不上去。後來長大了才知道有沒有讀書的差異在哪兒？那就是讀了書才會知道要設定目標，然後努力去達成，並且會追求卓越，證明自己的重要。

雖然從小家境不是很好，但長輩教導我待人處世要「隨遇而安、隨緣生活、隨喜而做、隨心自在」，還要「樂觀開朗」，而且「施比受更有福」，所以，有機會、有能力時要幫助別人。因此在學校期間，不管我當班長、副班長、風紀股長、體育股長、總務股長等，我都會盡量幫助同學；我還曾參加手語社，為的是去關懷一些聽障朋友。幫助人的感覺真好，「服務越多，成長越多」是我從小以來的座右銘，這使得我個性隨和，處世圓融，還擁有良好的人際關係。

中學時因男女分班，到大學時才懂得異性溝通技巧

出社會後進入理專這個行業，客戶當然是不分男女，但在我就讀國、高中的青春期階段，學校都是男女分班，一直到上大學我才發現，自己竟然不懂得如何和女生說話，後來透過看書和多方學習，才慢慢學會和異性溝通的技巧。

國中時期，我的學業成績還不錯，念的是資優班，但因為是男女分班，讓我沒機會學習和女生相處；高中就讀中和高中，正巧碰上思想較為保守的校長，無法接受男女同學關係太親密，所以我們這一屆採男女分班，讓我再次錯失和異性同學交流的緣分，但也僅此一屆，我這一屆的前後屆都是男女合班。

中學階段的際遇是因環境因素使然，但到了大學，我念的是數學系，班上同學幾乎都是男生，我被同學推舉擔任公關幹部，負責辦聯誼活動，才開始有機會和異性接觸，但這時也發現自己和女生說話會緊張，辦起活動來也因為沒梗、玩遊戲冷場很受挫。一直當個交不到女友的「魯蛇」，滋味真不好受，我開始體認到男女溝通也是一門大學問，於是透過看書自修來了解男女思想觀念的差異，也在一次次和女生聊天互動後，練習兩性間的溝通技巧，以及如何尊重女性。

這段經歷現在說起來雲淡風輕，但卻是我人生中很重要的一個學習課題，也對我日後的理專業務工作有很大幫助。如果不懂得和異性溝通，碰到心儀的女生話都說不出口，更不可能表白，所以平常就要練功，多看書、多接觸、多學習，才能提昇自我的內涵和溝通能力，一旦對的人出現在眼前，才不會因不善於溝通而錯失良機；從事業務工作也是一樣的道理，當你做好萬全準備，即平時就具備良好的溝通實力，在機會來臨時，你就有能力去探索不同客戶的內心需求，在最短時間內找到最適合對方的產品。

存到人生第一桶金

有句話說得很好：你對自己嚴苛一點，生活才會對你輕鬆。我從小打工，直到大學，辛苦存到人生第一桶金。還有一句話說：「人生如一本書，我不能改變書的厚度，但能改變書的深度」，我以往的工作經驗以服務業居多，對於與人互動很習慣，也樂在其中；也做過勞力工作，與各階層人士互動經驗豐富，這些特質都成為我未來發展事業的助力。

大學我就讀位於新竹的中華大學數學系，離開了家，感覺比較自由快樂，也因為數學底子不錯，所以念得很輕鬆，這期間，雖然家裡會給我基本的生活費，但課餘時間我全都在打工，咖啡店、KTV……，試過很多行業。記得那時在KTV當服務生的收入很不錯，但不是人人都如此。有人一天拿不到五百元小費，我因為很會觀察客人的習性，投其所好，客人當然開心，小費給得就大方，有時一天可以拿到三千元以上的小費。

想想，討好客人的訣竅不外就是服務技巧要靈活，如果有小姐跟旁邊的大哥說，「這個服務生不錯」，這時，小費就跟著來了。這也是我自認高招的地方，可能是我從小在親戚家輾轉寄居，加上很小就開始打工的關係，讓我很懂得察言觀色。

不同於多數孩子對金錢懵懵懂懂，我很早就有理財的觀念。半工半讀賺來的錢都沒有亂花，多數都存起來，在大學畢業時，存款就超過一百萬元，成為我人生的「第一桶金」。

對於日後的工作發展，我也比多數同學較早思索這個問題。大三時，我開始思考未來的就業方向，我想，單靠數學系畢業的學歷不好找工作，所以我輔修國貿系。大學畢業後想考研究所，數學系很多人轉資工、資管、企管、工管所，但我都沒興趣，不諱言我從小喜歡錢，所以決定念經管，後來考上中華大學經管研究所。其實，我那時也有報考其他學校的研究所，初試過了，但第二關複試沒過，因為當時口語表達不夠好，加上資料審查要懂得包裝，因為沒人教，所以鎩羽而歸，日後踏入職場，才知道口語表達與行銷包裝對一件事的成敗有多重要。

懷抱星夢，通過華視訓練班招募

我在年輕時，對於未來的職涯抱著完全開放的態度，很願意多方嘗試，像是曾參加模特兒公司的招募，並通過華視演員訓練班的面試。

記得在大三升大四的暑假，我好奇去參加電視台的招考，當時面試的考題是「公園等人，等不到人，然後打電話給對方」。我印象很深刻，在演出過程中要打電話，因為太緊張，結果電話竟掉了下來，我就當沒事把電話放回去，然後轉過身來繼續把該演的劇情演完，反應還算可以，也通過了演員訓練班的考試，但後來幾經思量，並多方探詢意見，決定繼續念研究所，而沒有走上演藝之路。

年輕時，很多人會有星夢，或是天馬行空的想法，就像我在高中時到牛排館打工，當時一個月收入六、七千元，生活好像可以過得不錯，但現在回頭看，這樣的收入根本不夠生活，後來我選擇繼續升學，一路走過來，發現當初這個決定是對的。

因為想存錢，加上從小就苦過來，所以我總是「把吃苦當作吃補」。像是打工時有的店家會供餐，有些同伴嫌店家提供的伙食不好，寧願自己花錢到外面吃，但不管店家提供什麼餐食，我都吃。現在年輕的一代，許多都沒有儲蓄的觀念，或吃不了苦，原因在於他們從小就習慣亂花錢，而我知道賺錢辛苦，就不會亂花錢，所以能把錢存下來。

人生第一桶金，成買房基金

我念研究所時，學校有提供助教津貼，所以我就沒有另外打工，也因此，在這段期間學到許多理財的專業知識。

我在讀研二下學期時認識了現在的老婆，退伍後，到銀行當理專一年多，她也考上國中正式的國文老師，那時稍有經濟基礎，準備要結婚，安排雙方家長見面時，聊到婚後最好有自己的房子，在這個時候，我從小到大打工存的「第一桶金」發揮了作用。這筆錢我一直存著，沒有動用，結婚時要買房子，剛好拿來當頭期款，順利買了房子、娶了妻子，後來有了一雙可愛的孩子。

當時買的新房房價六百多萬元，約貸款四百萬元，雖然還是有還貸款的壓力，但我後來發現，人要有壓力才會鞭策自己不斷成長，所以要不斷給自己壓力。

我一直認為，美麗人生是自己爭取來的，所以在求學階段就已經養成勤勞獨立的習慣，也由於個性外向，喜歡與人接觸、互動，加上旺盛的好奇心，年輕時多方嘗試不一樣的工作，日後才能從經驗中尋找出最適合自己的工作。

因著自己的成長經歷和打工經驗，我從小給孩子一個金錢觀念，就是要管理自己的財務，基本上，金錢的配置就是「收入一定要大過支出」，且不要一直想去動用已經存在帳戶內的錢。此外，我也鼓勵年輕人一定要設法以最快的時間，累積人生的第一個百萬，因為存到第一個百萬，就能體會工作的辛苦，也會更加懂得理財的風險，而懂得這個道理，就會懂得如何做資產配置。

雖然我現在並沒有特別去管控日常開銷，但早已經養成不亂花錢的習慣，只花該花的錢。雖然，當理專難免有機會要花錢招待客戶或是請同事吃飯，但我把它當成是一種投資，這是會有回報的；剛入行時或許不懂得這些技巧，但是當事業發展漸漸順起來，就會知道怎樣拿捏分寸。

事業要成功，要懂得做財務控管，還要多方嘗試，找出自己有興趣的工作，投入熱情，只要具備這兩項特質，相信在任何一個行業都可以發光發熱，早日存到人生的第一桶金。

我的天馬行空：女生挑選結婚對象，選科技業好還是金融業好？答案最好是挑金融業。為什麼？因為理專是越老越值錢，投資觀念不會因為時代的變遷而有重大改變，而科技業可能會因時代的變遷，人工智慧的進步而使得產業沒落。

第2個開關

理專生涯，從菜鳥到老鳥

當催收一年，體會到不能當窮人

研究所畢業後，面臨兵役的關卡。由於抽到服替代役，在等待服役的那一年，我沒有浪費時間，而是到安泰銀行擔任信用卡催收人員，繼續工作賺錢，當時主要的工作就是算帳和催收。

催收主要是提醒客戶要記得繳費，但有些人就是繳不出錢，甚至欠好幾家銀行的錢，因為還不出錢的人多數都是窮人，有女同事催收時碰到惡劣的客戶，對方因為被催繳，心有不甘，甚至口出惡言。

擔任催收的這一年，讓我看到當窮人的可怕，也確立了我要走理專這條路。我希望能幫助更多人擺脫貧窮，也希望藉由這份幫助別人成功的工作，讓自己身邊充滿更多正能量。

當兵考了十幾張證照，一退伍就找到工作

有高目標才會有高績效。原來讀理科的我，經過各類打工及兩年經營管理研究所的訓練，加上當兵前有了當銀行催收一年的工作經驗，讓我對理財有了基礎

概念，也對未來工作的輪廓日益清晰，而找到人生的方向。

我觀察到，有錢人之所以會成為有錢人，就是因為懂得投資，因此我決定未來要朝理專的路走，要接觸有錢人。有了這個念頭，在服替代替的一年十個月期間，我利用閒暇時間準備，陸續考取了十幾張各種投資理財的相關證照。

行為心理學家Burrhus Frederic Skinner認為，人可以藉由外在的約束力量來改變自己，製造一個適於積極的環境，讓自我更加成長。所以我在退伍前就努力累積能量，考取了十幾張證照，且每張證照都是第一次應考就通過。

從這些考試的經驗中我發現，考證照其實是有訣竅的，就是一定要把考題讀通，再加上因為所有考題都是選擇題，且有題庫，所以要熟悉所有題庫的題型，還因為我大學念的是數學系，計算能力比別人強一些，也覺得這是我有興趣、想做的事情，便努力去準備考試。待役期間，我先後考取的證照包括壽險、投資型保單、信託、理專、證券、期貨等。

其實，我從有工作能力之後，就不曾浪費過任何時間，等待服兵役的一年期間，我去銀行當催收人員，記得最後一天上班是星期五，隔天就直接去服役單位報到。在故宮博物院服替代役時，一有空我就讀書。有這期間考取的十多張證照的信心加持，我在退伍前開始四處投遞履歷表，二〇〇四年九月十一日星期六退伍，隔了兩天，九月十三日，我就到花旗銀行報到當理專。我就是一直很努力，才能有今天這樣的成績，很幸運的是努力的方向對了。

回顧我進入理專這行，還有一段小插曲。由於還在服兵役時就開始留意就業市場概況，在退伍前半年，看到花旗銀行人力招募的廣告就去應試。當時有五個面試官，第一關過了，第二關照理來說也會順利通過，但當時第二關有位主管名叫宋金富，他跟我說：「你九月退伍，現在才三月，來得太早！」雖然後來陸續面試幾家外商銀行，也都被錄取，但退伍時，正巧宋金富升任花旗銀行天母分行經理，他就找我去面試，雙方聊得很愉快，讓我決定進入花旗銀行工作。所以宋先生算是我踏入理專工作一個重要的「貴人」，他是個很厲害的理專高手，我跟著他學習很多。

菜鳥經驗談：當下的挫折，日後都會變成華麗的存摺！

剛開始做理專的時候，總覺得別人都在觀望你到底有沒有「底氣」，也就是能否存活下來？此外，前輩對待菜鳥男生的態度大多是「放生」，對待菜鳥女生則會比較有耐心，態度差很多。雖然這樣，我還是自己偷偷學，也感謝有些前輩無私的教導。

其實，男生當兵回來，突然從規範的生活轉換到一般的日常，腦筋會轉得比較慢，就是人家戲謔所稱「當兵會變笨」，我雖然考了十幾張證照，但遇到實際上場操演時，剛開始還是會不知道如何開口與人溝通。

進入圈子一段時間後，慢慢領悟到，做這行，女生的個性天生佔有優勢。因為女生比較會聊天，喝個下午茶就可以天南地北聊不停，像我老婆，曾經有一次我看她和某個人聊天聊了一下午，後來問她那朋友是誰，她才說跟聊天的對象根本不熟。女生的天性就是如此，很能聊，而這正是業務工作需要的特質。

理專工作的流動率頗高，因為沒有行規規定，前輩要對新人傾囊相授，可能有些老鳥會想：「我教好你，對我有什麼好處？」所以新人自己要學會討人喜歡，懂得與人打交道，這牽涉到你會不會做人，如果不會做人，就不容易存活下去。對我來說，「菜鳥經驗」則是人生中寶貴的一課。

在電訪信用卡客戶名單時，有個讓我一輩子難忘的經驗。記得我打電話給一位女性客戶，並向她詢問了一些理財狀況，這個客戶回說：「家中理財的事都是先生在處理」，我問：「方便和妳先生聊聊嗎？」，她說：「可以，請晚上十點打電話到家裡。」我夜晚回到家，準時在十點去電，沒想到霎時晴天霹靂。電話接通後，我說：「您好，我是早上跟妳聯繫的理專陳先生，方便跟妳先生說話嗎？」她說：「你等一下」，一切聽起來都很正常，沒想到她先生一拿起電話劈頭就開罵，「你是哪家銀行？是豬嗎？已經這麼晚了還打電話到人家家裡……」，我突然一陣莫名其妙，但當下只能一直道歉，被罵了大約十幾分鐘，最後對方說了句狠話：「不要再打來了，否則就跟你的銀行投訴！」然後直接掛掉電話。

菜鳥理專遭恐嚇要被投訴當然很緊張，當時放下電話，頓時滿腹委屈就哭了，原來是滿心歡喜，也依客戶要求的時間去電，沒想到最後是這樣難堪的結果。不過，這個行業做久了，遇到被不合理對待的情況層出不窮，已經慢慢可以釋懷，告訴自己這就是「衰」——倒霉。有些菜鳥業務碰到這種挫折，可能會因此受到打擊，認為這種情況以後一定還會再碰上，於是就不肯再做客戶電訪。

做業務這行，挫敗在所難免，有人可能從此心裡有陰影，但我已突破心理障礙，不管晚上或是假日還是會做客戶電訪，只是學聰明了，要懂得分別與客戶的熟識程度，才能在對的時間與客戶做聯繫，因為只要客戶願意跟你往來，就會有開發業務的機會，至於幾點該打電話，不是問題！

第一個客戶，單筆成交三萬美元

從事理專工作都知道要累積自己的客戶群，但開始做這行，基本是從零開始，沒有任何客戶。為了開發客戶，多數人都經歷過上街發名片的心酸過程，但我後來發現，發名片的成效不大。

回憶當菜鳥時，往往一整天就是抓著公司提供的信用卡客戶名單，一個一個打電話，過程中漸漸學到，要找願意跟你聊天的人聊，且多打電話可以練習講話技巧，如果坐在位子上不好意思打，就轉到外面的會議室打，感覺會比較自在，而我就是這樣call來了第一個客戶。

她是個年約四十歲的空姐，電話中聊得很愉快，後來約她到公司開戶，見了面又聊了半天，最後她跟我買了單筆三萬美元的基金，當時的心情就是一個字「爽」，心裡吶喊，終於開胡了！而在當下，另一個強烈的感受是，一張客戶訂單就是一份責任的開始。

入行之後，我連打了一個多月的電話，才終於有了第一個客戶，第一個月業績沒有進帳，公司沒有給我太多壓力，而這事反過來看，也可以說我的韌性足夠，反正公司沒叫我走，我就盡力做我該做的事，沒人理會就自己做，但這期間不能只是混日子，我會偷偷觀察前輩怎麼和客戶聊天，用心學習他們的業務技巧。

有了第一個客戶，我從此信心大增，我發現，當你下定「真的很想活下去，不行也得行」的決心，就能存活下來。簽了第一張訂單後，我發現同事和長官看我的眼光不同了，因為這個客戶不是得自誰的庇蔭，而是我自己努力去爭取來的，這讓同事不得不刮目相看，認為「這小子還有點本事」。

當你打開了第一個客戶的開關，其他的關卡通常也就能順利突破了，不要拘泥於公司給你訂的業績目標，而是要尋求自我的突破。如果一直看著公司為你訂下的業績目標而不去努力，就不會成長，而當你突破了自我，信心自然就會增加，業務技能就會在一次一次的成交經驗中增進，以後就會越做越順。

有了第一個之後，我的客戶一個接著一個進來，讓我對自己更有信心，同時也覺得肩上的責任更重了。有客戶跟我說：「你要好好『活』著」，因為之前服務這個客戶的幾任理專都轉行失聯，他希望惡夢不要再重現，要我好好在這個行業生存，幫他照顧好投資的錢。

我後來發現，很多年輕人在理專這行業活不下去是因為自己不認真，不是因為學長姊「放生」不理你。我自己的經驗是，要靠自己尋求獨立，不懂的地方主動詢問，當你證明自己是有能力存活下來的，公司慢慢也會釋放一些資源給你。

記得剛進公司時，我每天都工作到很晚，經常晚上十點多才回到家，媽媽曾開玩笑用懷疑的口氣問我：「你真的在銀行上班嗎？銀行不是三點半就關門了……」我還記得當時跟媽媽說：「可能會做不下去」，媽媽回我說：「相信我的兒子不會這麼脆弱」，媽媽一直都很堅強、正向思考，對我來說是很大的支撐力量。

後來，我努力殺出一條路，也慶幸自己能堅持直到成功到來，但我看到很多年輕人在這行載浮載沉，希望藉由自身努力的經驗鼓勵他們，幫他們打開理專事業的關鍵開關。

謹記，只要你確認自己走的是一條正確的路，就要努力拚下去，我能存活下來也是因為夠努力；等達成年薪百萬的目標後，你就會更加確定這條路是正確的！

聊天是打開和客戶溝通的開關

根據我的經驗，業務工作要做得好，學習老鳥的「聊天」態度很重要。其實「聊天」是一門很有學問的功課，我的第一個客戶就是靠聊天得來的，後來慢慢體會到，打開銷售大門的關鍵就是聊天，而聊天的技巧有大半是來自天賦，也就是個性，但後天的努力學習也很重要。

當我還是個理專菜鳥時，關於「聊天」這件事徹底就是個遜咖，電銷時一心只想要把客戶約到銀行開戶，但邀約的過程中如果沒有愉快的互動，客戶怎麼聽得進去？後來比較會和客戶聊天，也就是多聊客戶感興趣的事，這樣一來，不用刻意去拉生意，就能在聊天的過程中了解對方的需求，就可以進一步談成生意，也就是說，在聊天的過程中你處處為對方設想，才是能成交的重點。

電銷方法各有不同，有些業務跟單一個客戶聊了一整天，也有些人一天接觸了二、三十個客戶，不管哪種模式，如果最後沒有任何一個客戶願意來銀行開戶，那一切的「聊天」就都是無效的。所以，量大並不代表真的能產生成效，而要視是否能把客戶真的邀約出來，並完成訂單，也就是要從結果來看。聊天分為有效跟無效，實際做出成果才是最重要，而這就是業務工作的現實面。

只要客戶滿意，這個客戶就跑不掉了。因此，我在和客戶做電訪時不會設定時間的長短，這樣才能聊得盡興、聊得深入，才能更進一步探詢對方的需求，推薦給客戶真正符合他們需求的理財商品，客戶若能從中獲利，才能突顯你的價值，並願意讓你繼續提供服務。有些理專越是想要追求效率，因為太心急，反而越是沒效率，理專的成敗要從成績來看，不是量多就有用。

銷售的最高境界就是聊天

如何打開客戶的話匣子？我覺得必須讓自己有個「有趣的靈魂」。人要成功，首先要有一個健康的身體，加上有趣的靈魂，和人家聊的事情是有趣的，不冷場，才能讓話題繼續，至於要怎麼做呢？不妨先聊聊和自己相關的趣事，通常就能順利打開對方的話匣子。

做業務工作，要藉由和客戶聊天來建立關係，不能直接就導入商品。舉例來說，有客戶提到家裡的親子關係緊張，小孩不好好工作，屢勸不聽，把家裡的氣氛搞得烏煙瘴氣。遇到這種情形，因為我在工作之餘經常會去上課進修，如果發現有心靈成長的課程，就邀約客戶帶孩子一起來聽課，當在課堂上看到母子分享彼此的故事，最後兩人相擁而泣，對客戶的家庭關係產生了正面影響，我也會同感欣慰。

我總是把客戶的心情和問題放在心上，遇到適合的時機或有相關課程就分享給他們，其實這就是一種用心，當客戶感受到你有認真把他說的話都聽進去，感覺受到重視，慢慢他就會打開心房，成為你的朋友和客戶。

每當我成功開發一個客戶，就像是打開一個開關，每個開關都是理想的實現，從過程中我也感受到，人和人之間最大的吸引力，不是你的容顏，不是你的財富，也不是你的才華，而是你傳遞給對方的溫暖和踏實，及感染給對方的那份正能量。

總之，業務工作要有成果，就要有高動能，能量越高，越容易達成目標，因為客戶不會喜歡和信任一個無趣且沒生氣的人，所以提昇自己的能量，營造有趣的聊天氛圍，對業務成交真的很重要。

總結這段時間的工作經驗，我發現，成功銷售只有兩個步驟：

第一，用心了解對方的心願和擔憂。

第二，運用專業知識、產品和服務完成對方的心願，去除對方的擔憂。

在與客戶建立關係的過程中，你所得到的最大收穫不是提成多少、不是升官等物質利益，而是多了一個信任你的人。此外，你同時也會發現，銷售最大的敵人，不是對手、不是公司制度、不是產品不好，也不是拒絕你的客戶，最大的敵人就是你自己，而打敗他的關鍵就是要讓自己不斷努力突破。

理專工作做久了你會發現，因為時代在變，有些事這時候對了，不見得永遠都對，錯的也不見得永遠都錯，就是要不斷學習，與客戶的對話要不斷延伸，了解對方的需求，並結合產品幫客戶解決問題，這樣才能讓業務不斷擴展。而在溝通的過程中，要不斷藉由和客戶聊天，把他們的問題找出來，至於要提出什麼樣的問題，就要靠經驗累積，有了歷練，就能聽出客戶的問題所在，能幫客戶解決問題，客戶自然會買單。

男女大不同，找出專屬自己的客戶族群

男女生天生個性大不同。當理專後發現，女性理專都很能聊，家裡的貓貓狗狗、老人小孩，任何話題都能聊，男生在這方面就比較弱，我能聊的話題就盡量聊，客戶很喜歡問：「是怎樣的因緣際會，你為何會當理專？」、「為何從花旗銀行跳到遠東商銀上班，是工作遇到什麼瓶頸？」……不能聊的話題就當個傾聽者，耐心聽客戶抒發，慢慢地就會找到屬於自己的客戶族群。

我主要的客戶群是年齡比我稍長的女性，還有就是一些年紀稍長的男性。大

姊姊很愛分享家中成員的大小事，和大哥哥就聊思想起、當年勇的故事。此外，還要懂得應變，有些老闆級的客戶會直接說，「我只給你十分鐘介紹產品」，這時，平常累積的經驗就能派上用場，因為天天在談case，所以隨機應變說明商品不是問題，時間可長可短。話說回來，理專當久了，只要聊幾句話，依經驗就可以知道這個客戶有沒有機會成交，即可決定要花費多少時間。

台灣在二〇〇三、二〇〇四年開始，出現最早一批理專人員，所以我算是理專早期的先鋒部隊，不管各行各業的菜鳥文化，通常就是女生容易會有老鳥帶，但男生就是要靠自己摸索。當自己成為前輩之後，我帶新人是不分男女一視同仁，盡所能把自己的經驗都傳授給後輩。不過，理專這個行業新進人員的流動率相當高，能不能在這個戰場存活下來，還要看個人的天份和興趣，能生存的就留下來，做不出成績的就只好被迫離開。

我在大學畢業時就存到人生的第一桶金，靠的是勤奮打工和省吃儉用，我的理財觀念是不能一直盯著存款數字看，更不能只想著要怎麼去享受花用。念研究所時，有朋友找我出國旅遊，一看行程太高檔，要花掉十萬元，想一想還沒出社會，還不是享樂的時候，只好忍痛放棄，畢竟自己是窮過來的，學生時打工賺的錢不多，所有積蓄都是一點一滴累積起來的，萬不可將這些「本」錢輕易花掉，等以後事業有成，要玩有的是機會。

而且，我想到自己能一路念書，是媽媽付出多少辛苦累積而來的。曾聽過有的父母會把小孩從小花費的帳單留下來，讓孩子知道，養一個孩子要花多少錢？反觀現在很多年輕人，一有錢就想出國玩，理由是開闊視野，但增長見識不一定要這樣花錢？如果還不會自己賺錢，根本不知道賺錢的辛苦，我認為要放鬆出國旅遊，還是等經濟穩定後再說。

讀書是脫離貧窮的重要關鍵

我一路念書，讀到碩士，因為我認為讀書是脫離貧窮的重要關鍵。學歷是對一個人基本學習態度的培養，雖然這道門檻不代表絕對意義，但是你跨過了這個門檻，就比別人多了一些機會，多了一些路可以走，有什麼不好？與其不愛念書就喊「學歷無用」，學歷真的沒有用嗎？我不覺得！

但有學歷還要學會該有的判斷力，且學歷最好要和工作及興趣相結合，這樣的學歷才算是有用。我有個客戶四十歲了還在念博士，畢業後也不知道有沒有辦法找到工作？如果因家裡有錢開公司而窮究學歷，我想是有用的，但每個人的家庭背景不同，要衡量自己的狀況，不是漫無目的地跟著人家念博士，這對將來找工作幫助不大。

而如果你沒有學歷，在任何職場，只要努力衝到前五％，我相信也可以有很好的成就。嚴長壽從送貨小弟到亞都麗緻飯店集團總裁，他的成功故事很勵志，雖然嚴長壽未上過大學，但他從基層做起，很早就找到人生的方向，用心學習，努力把未知變成已知，才有日後的成就。他說，從最簡單的使用傳真機這件事，不會用就去學，不是要你去拆解傳真機，而是去了解傳真機如何使用，懂得「學以致用」才是重點。

很多人覺得和工作無關的知識就不去學，碰到問題就唉聲嘆氣。我四處去上課學習，激活頭腦就會有很多想法，只要上課的內容可以和客戶產生聯結，就馬上和客戶聯繫，所以說，很多事情不去學習就永遠不會懂。不同課程會產生不同能量，且上課時你會有機會表達自己的意見並和別人交流，能激發創意，還能利用零碎時間和客戶聯絡，所以不會阻礙工作的進展，因此持續進修是我不會放棄的事。

把人脈轉化成錢脈

對於社會歷練一片空白的年輕人來說，人脈的開發、經驗的累積與事業經營都不是容易的事，但要從事理專這個行業，這些都是非常重要的。理專基本上就是做業務，每個月會有基本的業績額度要求，有些業務沒有底薪，退佣才有收入，有些理專的客戶只限親朋好友，如果親友人脈廣還能撐一段時間，但很多人是後繼無援只能退出。我因為身邊的親友都不是有錢人，所以我清楚地知道，「我沒有靠山，自己就是山」。做業務這行，自己就是半個老闆，要自己去開發客戶，因為沒有業績就沒有收入。

當理專十幾年來，我深刻的體認到懂得奉獻是很重要的一件事，因為你對客戶好，一定會有所回報。我幾乎是把客戶當家人看待，比如有客戶跟我說，他的孫子得了獎，問公司有沒有什麼獎助學金方案，我就自掏腰給了一個千元紅包。因為我把客戶當家人，客戶也會很高興地跟你分享喜悅，當你開始懂得「給」，自己和客戶都會從過程中獲得感動。

經常有人說「人脈就是錢脈」，而如果你認為每個認識的人都可能是你的潛在客戶那就大錯特錯。有些理專會參加很多社團，目的是想增加人脈，但這樣做有用嗎？我和一位賣車高手娜娜聊過，她曾創造驚人的賣車紀錄，娜娜說她不曾花錢去參加過任何社團，我跟她有一樣的想法，如果你以為花錢去參加扶輪社、獅子會等社團，就能認識有錢人，業績就會進來？以這種心態去交朋友，業務絕對做不下去。你一定是要認同社團理念，喜歡社團服務社會的公益本質，才能融入團體，如果倒果為因，以為加入社團就能開發業務，這種觀念完全錯誤，也不會有你想要的結果。

我覺得要把人脈轉化成錢脈的關鍵因素，首先一定要有好的商品當聯結，如果沒有好商品，則再好的人脈都沒用。就像是開店，一開始親戚朋友可能礙於情面會來光顧，但如果你的商品不夠好，服務沒有到位，店怎麼可能會經營長久？

只想靠人情做生意，這樣的收入最後可能連支付基本開銷都不夠。總之，如果沒有能力、沒有好的產品，有再強的人脈也是徒勞！

我的創意發想：我初入職場時，那時銀行算帳用手算，不符合時間效率，在我熟悉計算方式後，利用學校所學，替公司建立Excel試算統計表，不只工作效率加倍，也為公司減少了許多紙張的浪費。

第3個開關

走過金融風暴更茁壯

歷經金融海嘯，從菜鳥變身資深理專

從二〇〇四年九月進入花旗銀行天母分行擔任理財專員，到二〇一一年十月底離開花旗，轉到遠東商銀任職，歷經七年的努力，手上管理的資產從零元，擴張到十億元。

猶記得退伍前求職，獲得多家銀行的錄取通知，但最後選擇到花旗銀行上班，當時的想法很單純，因為知道花旗銀行是一個競爭激烈的地方，心想，「獅子訓練小獅子茁壯的方法，就是把小獅子踢下山谷，讓牠在最艱困的環境中爬起來」，以此觀之，想要訓練自己，就要找最艱困的戰場自我挑戰，這樣應該可以學到最多。於是，一做就是七年，同期一起進公司的同事，在我離開花旗時，都早已遠離這個圈子。

剛進花旗銀行天母分行時，該分行才成立兩、三年，連同分行經理和旗下理專，編制人員共有八人，算是規模很小的單位，進去公司時我「最菜」，沒有工作經驗和背景，一切都要靠自己，很慶幸當時遇到很好的分行經理宋金富。

這個圈子流傳著一句話，「好的主管帶你上天堂」，他就是這樣的人，很願意鼓勵表現好的同事，他也常利用休假自掏腰包帶同事外出旅遊，凝聚團隊的向心力。他是個很傑出的領導者，讓分行有很好的業績，在他三年多的帶領下，讓我獲益良多。

回顧我的理專菜鳥時代，一開始是採「螞蟻雄兵」策略，也就是客戶不管投資多少錢都做，一張三萬美元的訂單對我來說是很大的業績，但對別人來說可能只是小case。其實，能挺過這個時期有個關鍵因素，就是我在二〇〇五年九月結婚。

結婚要買房，於是我把出社會前存的第一桶金付了買房的頭期款，但扛房貸還是讓我有很大的壓力，當時有點擔心工作撐不過一年，於是激勵自己要更努力一點，所以也做出了一點成績；加上那時候市場景氣熱絡，以「結婚」當話題，很容易和客戶聊開，因為客戶都有親朋好友，隨便一聊都能和結婚這個話題沾上邊，天時地利人和，整個氣場都「喜氣洋洋」。

一般人認為，男人結婚後就跨進不同的人生階段，而台灣人很有人情味，有些客戶考量你可能會有經濟需求，就會拿錢出來投資當賀禮，以「沾沾喜氣」，因此那時能做出一點成績，所以我也鼓勵年輕人不要怕結婚，雖然結婚會有經濟壓力，但把它當成助力就會讓你更努力。也因為結婚前後衝出一波好業績，加上後來客戶轉介紹新客戶，讓我理專這條路越走越順。

說到開發新客戶，我剛開始入行時，為了找客源自己想出一招，就是假日到公司上班。因為很多客戶平常上班，有什麼理財問題到假日才有時間處理，於是我假日到公司時就會告知客服人員我今天到班，如果客戶有理財或開戶等問題，可以把電話轉接給我，由我來提供相關諮詢，透過這個方式，成功開發了不少客戶。此外，我也會經常和保險、銀行等其他相關領域的業務人員交流，除了吸取知識外，也探尋有否合作的機會，不會死守在理財專業領域之內，這樣才能有更多的可能性。

就這樣，慢慢累積客戶和業績量，大概經過一年，公司看我好像有點能耐，遇上有理專離職，就會把大客戶轉手給我經營。所以，如果沒有撐過前面那段艱困的時期，就不會有後面的大單出現。

而接手大客戶，不表示從此就高枕無憂。不少理專碰到大客戶，會想辦法讓客戶買外幣保單，這樣理專馬上可以有可觀的手續費收入；但我碰到大客戶，想的是和客戶建立長長久久的關係，會幫客戶做好資產配置，建議定期定額入場，讓客戶分散投資風險。有一個客戶從花旗一路跟著我到遠東商銀，光是定存就有三千多萬元，透過靈活的投資理財，我從來沒讓這個客戶的投資出現過虧損。不過，也因為有錢人比較有現金流及多元貨幣投資的觀念，如果某個外幣投資虧損不會急著贖回，因為匯率是波動的，升或貶常常是轉眼之間，因此拉長投資期限來看，比較不會出現虧損的情況。

為了活絡客戶經營，銀行業有一個「拆客戶」的做法，就是如果某個客戶帳面績效不佳，公司就會執行「拆客戶」，即把客戶從現有理專的手裡轉給別的理專經營。其實，我覺得客戶要長期培養，不建議太過頻繁更動服務人員，但公司礙於現實，如果維持現狀，業績呈現停滯，就不會有手續費收入，只好「拆客戶」，但這種操作模式卻讓理專承受很大的壓力。

從事業務工作，不能避免會有壓力，但我習慣把壓力轉變成動力，激勵自己前進。我在花旗銀行天母分行擔任理專的第一年，就登上績優人員的龍虎榜，但當時很低調，怕被前輩盯。花旗銀行給業務人員每個月訂的目標額很高，為了不被那麼高的目標額嚇到，我領悟到一個道理，不要盯著額度看，而是要看自己有沒有進步，告訴自己，「別人做得到，你為何不能？」勉勵自己不斷努力，累積經驗實力，等機會到來，貴人出現的時候，你才有能力去接手，付出的努力就能開花結果，因為「機會是給準備好的人」。

業務工作要做得好，不能只抱怨自己為何做不到，而是要去想別人為何做得到？想要成為哪樣的人，自己就要想辦法去紮根學習。

我一直是個「往內修」的人，也就是「行有不得者，皆反求諸己」，學習經營、學習話術，學會打開腦袋，讓自己行銷商品的說法有創意，要和別人不一樣，創造差異性，因為各家銀行的商品都大同小異，如果你的說法和做法跟其他理專一樣，客戶為何要找你？所以，當提供的產品都一樣時，要更有自信地去跟客戶說明你的操作方式，有些事沒有對錯，而在於你有沒有信心去說服客戶。

挫折跨過去就是存摺——學習是王道

在花旗銀行天母分行做了一年，我算是穩定做起來了，慢慢培養了一批自己的客戶，也漸漸建立起與客戶互動的模式，每個月會有固定的手續費收入（手收），還登上了龍虎榜，本來以為只會拿新人獎，在領獎時，問了一旁拿新人獎的同事：「你做理專多久了？」她回答：「三年」，這段對話一直縈繞在我的腦海中，我做一年拿到龍虎獎，她做了三年才拿到新人獎！

回想初入行，我很幸運碰到一個女性前輩Diana，她對我很嚴厲，但其實是在教我。並不是所有理專前輩都願意帶領新進人員，但她會在晚上和我一起討論案件，然後告訴我應該怎麼做？因為她業務做得很成功，又願意跟我分享，但她教導的方式就是罵，罵我哪裡做得不夠好，但也會真心地告訴我應該怎麼做。比如說，一個客戶有三百萬元的投資額度應該如何配置？晚上我打電話問她，她分析後會提供我很多建議，根據她的建議，我再加入自己的想法，建立自己的配置模式。從這位前輩的教導我領會到，如果做得好的人願意教你，就要開放心胸好好去學，我現在跟很多年輕人講，有些人好像不是真的已經「打開開關」，願意好好去吸收學習，但當時還是菜鳥的我，對於前輩的教導，真的都有聽進去。

此外，業務工作要成功，還要和比自己強的人競爭，這樣能得到更多成長的能量，也要多去上課學習。我本來以為多上課只是為了多認識人，後來發現這樣做還可以增長知識，真是一舉兩得。

我還觀察到，有些成功的人不願意教你，但你可以透過用心聽和仔細觀察他們的業務技巧，只要認真，就會有收穫。

當你做出一些成績，存活下來了，就會感覺到大家對你另眼相看，所以，不能只想要別人先肯定你，而是你要先肯定自己，就能做出成績來。我聽過一句很適合用來勉勵業務新進的話，「你要先跳進框框證明自己，然後才能從框框跳出來，讓天賦自由」。

不要一直想會被框框限制住，你要先在框框中證明自己，人家才會給你空間讓你發揮，不要一開始就奢求別人給你機會，因為天下沒有白吃的午餐。抱著這樣的觀念，我不斷努力，所以實力就漸漸浮現出來，讓人看見，之後就能用正循環模式順著做。

十多年來，我一直守著理專這份工作，從不曾想過當逃兵，從花旗銀行到遠東商銀，產品差異並不大，但很多人換了環境就沒辦法生存，我卻可以，證明我是有實力的。所以我想鼓勵年輕的理專，你們要有正確的想法，一定要努力讓自己成為前五％的人，才會被人看到，如果你身邊的人看到你的努力，有機會時他就會推薦你；如果你自己本身不夠努力，不夠優秀、不夠亮眼，別人也就無法看到你，更別說拉你一把！

再一次強調，做理專一定要有一百五十%的努力，因為只有前五%的人可以賺大錢，九十五%的理專過的其實是苦日子，要想辦法打開自己的頭腦開關，時時做到最好的自己。

走過金融風暴，危機變轉機

二〇〇四年到二〇〇八年間，金融海嘯來襲前市場一片大好，所謂「英雄選擇戰場」，大環境好，加上你有想法，不管是年輕還是資深的理專，要做出成績並不會太難。那時我剛入行，儘管沒有充足的實戰經驗，但我夠努力，加上善用自己的特色和優勢，邀約客戶很容易成功，且當時客戶的投資多數都是賺錢，也願意用獲利再投資，同時舊客戶也會轉介新客戶，整個市場情況就是蓬勃發展。

二〇〇八年金融風暴來臨前，稍有經驗的人都能嗅出市場不安的氣氛，因為當時雖然呈現利多，但各項指標都漲不上去，而這就是危機的訊號。於是，我開始幫客戶獲利出場，但有些客戶太過樂觀不聽勸，雖然告訴他們要「臨高思危」趕快出場，有些客戶就是不願意，反問你，「出場後錢要放哪兒？」在這種緊要關頭，能不能聽進理專的建議而守住財富，有時要看客戶的「福份」。

遭遇金融海嘯是一段難得的經驗，不少理專被大浪一打，死在沙灘上，我堅持陪著客戶度過風暴，當時市場指標已經是在絕對的低點，很多理專因為客戶嚴重虧損而離職，我則是陪著客戶等著春燕回來，因為在最艱難時仍陪著客戶走過，沒有選擇離開，才讓客戶對我更加信任。

當面對金融風暴，有些理專因為一時心慌亂了套，沒能好好地為客戶做好投資轉移，後續甚至造成更大的虧損，典型的例子是，轉到印度市場賠二十%，轉到俄羅斯市場也賠三十%，再轉到拉丁美洲市場又賠三十%。很多理專把投資標的轉來轉去，轉到最後連自己都「掛掉」；也有些理專讓客戶直接出場，結果賠得更多，最後壓力太大，做不下去，結果就是「自己壓死自己」。

我當時的做法是，既然印度市場賠了二十%就不要亂動，因為全球金融市場都不好，我建議客戶靜觀其變，客戶當然會抱怨，指責你不夠專業，但投資沒有一時的對錯，當時整個市場是在低點，我說服客戶不妨逢低繼續定期定額買進，中長期平均一定可以把錢賺回來；或是跟客戶分析，這檔基金的基礎好，一定會再漲回來，逢低點就是要有耐心，陪著客戶等，結果證實，我大部分客戶的基金價格後來都有回檔。

再看連動債風暴時，很多人直接在低點殺出，損失很大，我有客戶買到連動債，當時我建議他們守著不動，願意聽我的建議沒有殺出的人，後來百分之百都沒有虧損。

不少理專在遭逢金融海嘯時承受不了壓力離職，我趁勢接手不少客戶，儘管帳面上虧損兩三成，但我還是樂於接手服務；反觀有些理專一接手這樣的客戶，會要客戶出場，轉投資新的標的，這樣他才能有手續費收入，但我的做法是建議客戶進行分散風險的轉換，讓客戶補回虧損後再出場。

雖然我當時的壓力也很大，因為如果沒有讓客戶轉投資或是出場，就沒有手續費收入，使得這段期間業績不是很理想，但我堅持用對客戶有利的方法，幫助他們順利度過金融風暴。經過這次事件，客戶漸漸了解我的價值所在，這些人後來都變成我的忠實客戶。

好的客戶關係是理專成功的關鍵

金融海嘯後，許多在花旗銀行的理專同事接連離職，有些受不了業績壓力，轉任他行擔任管理職務，也有人就此離開銀行界。但經歷此次事件，我在很多前輩身上學到業務人員的求生之道，其中一位是個很厲害的女性前輩，在我離開花旗轉任遠東商銀時，她還在花旗當理專。

這位前輩對待客戶的辦法很有一套。男生從事理專總是想走技術分析路線，希望以專業取得客戶信任，但是我從她身上學到，和客戶的關係可以不只是朋友，而可以像家人般緊密。

在金融風暴時，客戶的投資如果虧損了十%，大多數理專就會被臭罵，但這位前輩很厲害，即使有些客戶基金賠了四成，都沒有指責她，反而加碼匯了一百萬美元進場投資，原因就在於她客戶關係經營得很成功。她除了逢年過節送禮問候客戶外，經營的層面甚至滲透到客戶的家庭成員，她和客戶不只是朋友，更像是家人。所以當全世界的基金都在跌，所有的理專都被罵，客戶反而安慰她不要難過，還告訴她，錢再賺回來就好了，接著匯錢給她加碼投資。

以業務角度來說，我覺得這樣才是成功，有句話說：「以利相交，利盡則散；……唯以心相交，方能成其久遠。」所以，把客戶關係經營好，是理專不敗的關鍵。

名著《雙城記》開頭寫道，「這是最好的時代，也是最壞的時代」，金融海嘯後的大環境正是如此。那時，有一批理專離職，留任的理專接手的客戶幾乎都是虧損嚴重，很多人視為畏途，我卻將此視為契機，接手後耐心陪著客戶重新建立對投資的信心。

舉例來說，有個經營藥局的女性客戶，我接手時，她帳上七、八支基金虧損都達到三、四成，也就是說，她當初投入一千萬的資金，那時淨值只剩六、七百萬，但幸好她手邊還有一筆三萬美元，我建議她用這筆款項做投資，把三萬美元變成六萬美元，再利用六萬美元定期定額投資，分散補回其他虧損的基金。因為逢低點，可買到的單位數特別多，加上市場已經從谷底回升，可陸續把獲利的基金結清出場，最後這個客戶終於破涕為笑。

這波金融海嘯導致市場大崩盤，我沒倒，也沒走，反而從中獲利，接手不少客戶，以相同的逆向操作方式複製，最後幫客戶把虧損的基金都補回來了。

單筆投資、定期定額扣款投資法

經歷金融海嘯的動盪後，造成客戶投資信心不足，但對理專來說，日子還是得過，業績還是要扛。為了幫客戶分散投資風險，在和客戶討論後，我採用了「單筆投資、定期定額扣款」的方式，也就是原本要單筆進場，改採定期定額分散風險的方式，以四到五個月的時間，依市場情勢逐漸佈局進場。一般理專，可能會直接要客戶單筆投資以便收取手續費，不會像我這樣自找麻煩、慢慢調節進場。我建議客戶這種投資法後，讓花旗銀行因而破例，接受每天都可以做定期定額扣款。

花旗銀行的電腦設定，原本每個月只有三個固定日期可以做定期定額扣款，除非靠人工操作，才有辦法讓客戶依市場狀況挑時間調節資金，但這樣做會增加人工作業的負擔，當時公司高層還接到客服中心部門的投訴，但公司高層開會討論後，認為我是站在維護客戶權益的立場，且做法可行，因此便開放不限固定日期，每天都可操作定期定額撥款的設定。我想，可能因為我操作的資金量夠大，才能被公司高層看見，並予以重視。之後，我的業績一路穩定成長，也因為基金投資獲利，順帶拉高保險等其它業務的業績，之後我每個月的手收都可達到四萬美元。

感恩前東家的栽培

我在花旗銀行服務期間，初期主要做基金投資，後來不斷擴增業務範圍，二〇一〇年開始和房貸專員合作，開發房貸業務。因為當時的房地產市場一片榮景，加上花旗對於貴賓戶提供專享的優惠措施，讓我業績一路長紅，還拿下全國房貸業績第一名的佳績。

記得曾有一位客戶，因為先生是外籍機場管理人員，由於沒有國內繳稅證明，財力認列困難，我特別幫忙她搜集資料，最後提供國外薪資證明，才讓她

順利貸款成功。總之，就是把客戶的事當成自己的事去做就對了！也因為我對客戶的細心服務，贏得客戶的讚賞，在我離開花旗的那一年，還因此拿到「亞太區服務貢獻獎」的榮譽。

在花旗銀行的第二年（二〇〇五年），我手上管理的資金就達到三億元，到二〇〇八年金融海嘯前達到七億元，二〇〇九年金融風暴過後，市場投資景況很快回升，在二〇一一年我離開花旗時，管理的資金已經有十億元。

在花旗銀行七年，我抱著感恩的心，因為這段時間的歷練讓我對市場更熟悉，更能掌握。前半段時間大多在操作基金，深入培養對市場的敏感度；金融海嘯後改推比較穩健的產品，以定期定額基金為主，因為深入耕耘，讓我定期定額的業績做到全國第一名，單是手收一個月就有四萬美元，為我的理專生涯奠下扎實的基礎。

亞太區服務貢獻獎

我的經營秘技：把客戶關係經營好，就能有源源不斷的財源，比起一般的理專用績效來衡量和客戶的關係，會有截然不同的結果。

第4個開關

相信才能看見：花五年從〇～十億

為什麼人們會去找可以把事情做得更好的方法？首先是因為察覺，再者是惜福和感恩，還因為在不斷學習的過程中發現自己的不足，並相信，只要努力就能被看見。

我之所以從花旗銀行轉到遠東商銀上班，跟昔日花旗銀行的長官陳麗明（Mag）有關。因為她先轉到遠東商銀工作，很感謝她也把我帶到遠東商銀，讓我有機會在業務工作更上一層樓，她算是我生命中的重要貴人。

當時願意轉換公司，一方面是考量第二個孩子剛出生，外商公司上班時間比較長，所以想換個環境，加上新公司薪資待遇也比原來多五十％，促使我毅然轉換跑道。

一直不間斷充電學習

理專這個工作剛入行時起薪一定不高，但當你累積了一定的資歷，跳槽到別的地方，薪水一般會調高。我在花旗銀行時看到別人從別家銀行跳過來，薪水比我高，認為是合情合理，但理專這行，主要收入還應是獎金。理專要培養自己的客戶群，必須在同一個單位待得夠久，一點一滴累積，但世事難料，如果遇上變故，例如金融風暴，導致業績崩盤，不得不離開原來的環境，這時，客戶不見得會跟著理專走，所以不管環境再艱困，理專都要想辦法存活下去，才能照顧既有的客戶。我也相信，如果你願意在一個地方努力生根，老天爺絕不會虧待你，等你做出了名聲、口碑，就會被看見，進而挖角，收入自然就會大躍進。

我出社會後，一直不間斷充電學習，為了搞懂繼承、買賣等稅務知識，自費去保險公司上課，而為了培養自己的專業性，也自費去上了CRS（共同申報準則）的課程，也就是一般人熟知的「全球肥咖條款」；此外，假日時只要有空，就多找機會去上課、聽演講。會去上CRS的原因，在於世界漸漸走向全球稅務總歸戶的時代，如果你的客戶有一定的身份地位，有資產在海外，可能就會遭遇相關的問題，你如果不能解答他這部分的疑慮，就會讓自己的專業形象失分。

不像有些人上課聽過就算了，我則會把所學聯結到業務上，想著如何把客戶的錢做合理投資，讓客戶可以合法節稅，這是我上課學習的重點，也可以說是我的強項。如果你跟我一樣覺得客戶很重要，就會願意自費去上課，因為客戶就是我的家人，我把幫助他們當成是義務。

說起花旗銀行和遠東商銀兩家銀行的差異，因為分別屬於外商銀行和本土銀行，所以客戶群完全不同，所以在轉換公司時要轉換不同的理財腦袋。依我的觀察，花旗銀行的客戶比較有國際觀，且對於新型態的產品接受度較高，較願意嚐試，但遠東商銀客戶對新商品的接受度較低，理財的觀念很不一樣。

外商銀行的客戶比較能接受以外幣投資，願意把資金換成外幣去投資全世界，本土銀行的客戶則還是習慣以台幣思維理財，只愛做台股。所以我剛到遠東商銀初期，跟客戶推薦不錯的海外投資標的，他們大多觀念比較保守，不願意嘗試，因此，我只能依市場的轉變和需求去推薦適合的商品給客戶。但說穿了，理財商品大多是「換湯不換藥」，重點在於理專如何提供客戶最好的資產配置，以及如何和客戶溝通。

為了提供客戶更靈活的投資組合，有機會我也會去上不同領域的銷售課程，像是學習保險行銷技巧，或是直銷號召群眾的技巧，也會接觸激勵或心靈啟發的課程，像是學習如何穩定情緒，這有助於與客戶關係的調和。我常想，有些人假日還在工作，自己是不是一樣認真？有些保險業務是沒有底薪的，為何人家能生存？透過思索的過程，激勵自己要更加努力。

從零開始，辛勤耕耘盼開花結果

我從花旗銀行轉到遠東商銀，一切必須從零開始。記得二〇一一年十月二十一日離開花旗，十月二十四日我到遠東商銀新成立的大稻埕分行報到，那時單位編制只有一個經理加上三個理專。第一次踏進大稻埕分行，所有設備裝潢看起來都很新，但空有亮麗的上班環境，卻沒有一個客戶，一切只能從頭開始，還因為大樓管委會規定不能懸掛招牌，對業務推廣更是雪上加霜。初期上班的幾個月，對我來說真是艱辛的「寒冬」。

台北市大稻埕一帶，因為迪化街老商圈之故，住戶很多都是有錢人，感覺市場應該很熱絡，但是對於銀行理財專員來說，這裡根本就是「墳墓」。在這裡，放眼望去都是老商家，且社區裡住的都是老人家，年輕人口大多外移，甚至出走海外，由於沒有新興產業進駐，發展相對落後，每到傍晚六點以後，附近店家大多打烊，街道黑漆漆一片，只看得到車流，沒有人流。

住這裡的老人家雖然有錢，但是觀念老舊，正如台灣俗語說的「一塊錢打二十四個結」，根本不願意拿錢出來投資，因為他們覺得投資會有風險，不懂就不去碰，或是不做外幣，頂多是做台幣理財商品或是投資台股。很多理專都「餓死」在這裡，所以說它是業務員的「墳場」。

要如何經營這樣「老態」的市場，剛開始真的很沒有頭緒，曾經心想「真的要死在這裡了」，因為我發現，即使用最傳統上街發傳單的方法也絲毫沒有用，而我最終能在這個「墓地」存活下來，其實靠的就是「老貴人」——舊客戶。

由於我沒想到經營這個區域這麼艱苦，第一個月的手收只有五萬多元，真的有被嚇到，用選舉的術語說就是「艱困選區」，且業績持續低迷了好幾個月，正當懷疑自己當初的決定之時，幸好先前在花旗銀行經營的客戶主動找上門，我就靠著經營熟客，打開在遠東商銀的客戶開關。

經營一段時間後，客戶見有獲利，慢慢就把資金移過來，因為幫客戶設定的投資標的表現都不錯，口碑慢慢在舊客戶間傳開，漸漸有越來越多的客戶靠過來，也因為有之前在花旗銀行從零到管理十億元資產的經驗，愈來愈多老客戶將資金轉移過來。

遠東商銀理專事業全面大爆發

在花旗銀行的歷練，讓我從菜鳥理專升格為副理，轉到遠東商銀上班後，雖然產品和花旗銀行差不多，但我的資歷已經不一樣，可以提供客戶更優質的服務，對於部份商品因法令轉變而有異，我也能即時因應，讓客戶的投資更有保障。

雖然轉換了新環境，但這次我不用像新人一樣事事需要摸索，很快就上手，原本在花旗銀行的老客戶，有些因為對公司品牌陌生，或是擔心我因為轉換新公司穩定度有待考驗而觀望，但有些和我一起走過金融風暴的客戶，彼此已經建立了牢固的革命情感和信任度，放心地跟著我將資金轉到遠東商銀，因為這些老客戶的支持，讓我在遠東商銀第一年就順利拿到年度星光獎。

離開舊東家，轉換新環境，許多舊客戶願意跟著我將資金轉過來，讓有些眼紅的人在背後說閒話，感覺像是有很多眼睛在盯著你。頂著這些壓力，我只能對自己說：「能幫你的是貴人，不能幫你的就當成是激勵。」不過，當時真的很難捱，因為客戶願意跟著你走，是因為信任你、對你有期待，為了回報這些貴人，我拚了命地為他們服務，常忙到聲音都沙啞了，甚至是生病。

曾經有花旗銀行的老客戶找我，她刻意跟我約在公司附近的咖啡館見面，並善意地問我一句：「你在這裡做活得下去嗎？」這句話反應出她的擔憂，我回說：「我不只要活下來，還要活得精彩。」如何證明能活得精彩呢？就是年年要領獎，站上遠東銀行的年度盛會星光大道領獎，證明給客戶看，是我的責任和義務。

二〇一二年三月，我在遠東商銀第一個競賽月就做出三百多萬元手收的業績，算是很不錯，累計第一年有五百多萬元的手收，低空飛過登上星光獎的舞台，而當初和我一起進公司的兩位理專，一樣是從別家銀行轉過來具經驗的業務人員，不過，兩個人做不到一年就離職了。遠東商銀大稻埕分行成立六年，同事已經換了好幾批，只有我一個人從開始存活到現在……

我進遠東商銀的第一年，因為看好貨幣市場，所以主打「多元貨幣」策略，就是操作外幣，雖然手收很低，但是投資可以比較靈活，算是「蹲」著累積能量，穩穩地做，不要求自己有大突破，第二年開始慢慢增加其他的產品。前幾年都是苦心經營，直到二〇一三年SD（Structured Deposit，結構式存款）保本保息產品推出，資產配置採美元六成、歐元兩成、澳幣及英鎊各一成，這種方式一般都能穩定獲利。

猶記得SD剛推出時，因為是外幣投資，很多客戶不敢買，但我有空時就會去找客戶，和客戶聊聊天，探尋客戶的需求，也和客戶溝通投資理財的觀念，客戶總有著千奇百怪的想法或是藉口，我都會一一記錄下來，並適時給予解答。

像是SD十年期商品，有個客戶覺得時間太長，他要保本保息並設定投資時間在三年內，之後公司果真推出了三年期的商品，我知道後馬上與這位客戶聯繫，當然很快就讓客戶下單。因為我熟記客戶的需求，所以每當公司推出新商品，我腦海中便會浮現適合的客戶名單，並立即與這些客戶聯繫，因為符合他們的需求，所以接受度高，很容易就能談成。

之後，公司陸續開發類全委保單、保險、基金、美股等產品，因為產品多樣化，銷售時更有利，讓我的手收逐年成長，二〇一三年手收七、八百萬元，二〇一四年手收近千萬元，到了二〇一五年就破千萬，我手上管理的客戶資產從開始的零元，到二〇一六年已經超過十億元，單單在二〇一六年就叫進了三億多元。

當二〇一六年我管理的資產突破十億元時，我感觸很深，因為當初離開花旗銀行時，管理客戶的總資產就是十億元，那時我花了七年時間達到這個數字，而轉到遠東商銀後，在這麼艱苦的環境下，只花了五年就達到十億元的目標，這無疑是我這幾年這麼拚命工作換來的成果！

感動客戶，也感動自己

在遠東商銀任職期間，我的工作心態一直在轉換。一開始是積極與舊客戶聯繫，待做出成績後，經由舊客戶的轉介紹，慢慢開發出新客戶，過程雖然辛苦，但很有成就感。而我的努力，不只感動了客戶，也感動了自己。

有個我在花旗銀行時的客戶，幾年前突然來找我，她跟我說：「老伴走了，自己也老了，想把手上的資產分成四份，給兩個女兒及一個兒子，自己也留點老本，但後來竟發現兒子在三十年前向銀行借錢沒還，擔心資產會被查封。」因為我剛出社會時當過一年的銀行催收人員，知道這種案件要如何處理，由於這個案件銀行已經委託給資產管理公司，我就出面幫她談，原本約二十萬元的債務，加上三十年的利息，欠款已經高達一百多萬元，資產公司原本已不抱希望可以討回，所以有較大的議價空間，最後對方同意只拿回本金。順利幫她解決這個棘手的問題，解除了老人家的心頭隱憂，當下自己只覺得是功德一件，但事後這個客戶匯了三百萬元讓我代為操盤投資，因為經歷這次事件，她深深覺得我是個值得信任的人。

還有一對六十幾歲的夫妻，小孩都住在國外，兩人在台相依為命，一次聯絡時，妻子告知：「先生在浴室跌倒，摔傷了右腳，無法開車，就醫復健成了大問題。」我二話不說，連續兩、三個月的時間，開車接送老先生到醫院看醫生復健，在他身體康復後，夫妻倆匯了一千萬元要我幫他做投資理財。

幾年前，有一個投保醫療還本險的客戶，因為身體不適需要開刀治療，但遠在大陸工作，無法順利返台。那時，通訊軟體不像現在這麼發達，我得知後，透過書信往返，幫他爭取到約八萬元台幣的理賠。由於我的主動，使得這位客戶的權益得到了保障，讓他非常感動。

說真的，在服務他們的過程中，我只是把客戶當家人看待，但客戶受到感動，用行動來回報對我的感謝。

這些年來，我服務的客戶除了北台灣，還遍及新竹、高雄、宜蘭等地，說穿了，做業務就是要「腳勤」，雖然現在理財投資可以透過電話或是網路交易，不過，有些年長客戶不會用網路，每次交易我就用紙本列印的方式，再找本人簽章，過程雖然繁瑣，卻也是和客戶保持互動的好方法。

很多理專會抱怨客源不好，但我認為，理專沒有挑客戶的權利，我就是不嫌麻煩，不論是大客戶、小客戶，都要好好經營服務。

做理專這行，在開發客戶時常有機會和其他銀行的理專「狹路相逢」，特別是做房貸業務，遇到這種情況，通常我會主動和對方打招呼、換名片，千萬不要認為這樣做是在示弱，其實，這時候你展現的大器，客戶也看在眼裡，因為你從容的態度，客戶也能分辨出雙方的經驗差異，最後往往是主動積極的人能獲得客戶的青睞。

年年上台領星光獎

我在遠東商銀第一年的業績算是低空飛過，後來越做越穩，因為對各項產品都用心研究，客戶有需求馬上就協助解決，讓業績一再突破，每年一度的星光頒獎典禮我是年年上台領獎。

遠東商銀大稻埕分行剛開幕時資源非常少，甚至連招牌都沒有，在這樣的條件下，我把業績做起來了，免不了有人眼紅，雖然我沒把這些放在心上，但我想對這些人說：「你要感謝我做得好，在公司資源貧乏的情況下，我努力把業績拉起來，為的是給後輩做一個好榜樣。」

剛開始到遠東商銀時，常碰到客戶說別家銀行怎麼好，而遠東商銀有哪裡不足，對此，我要做的就是去發掘公司的優點，並讓客戶知道，像我會強調公司的品牌價值，為的是讓客戶突破心防。而有些客戶會比較公司大小，這時，你千萬不要跟客戶爭辯，只要把自己當成品牌來經營就好，當你的服務品質提昇了，客戶就會靠過來，也就是想辦法滿足客戶的需求，不要在意無謂的口舌之爭。

也有客戶抱怨：「電腦畫面不好操作」，接受客人一頓罵後，我就帶著他一步一步操作，其實只是客戶對系統不熟悉，你幫他處理好就沒問題了，我不覺得有受到什麼委屈，但有些理專被客戶指責就耿耿於懷，認為明明就是公司電腦系統設計不好，為什麼由理專來承擔，而把責任推給公司。但我覺得，只要客戶有問題，就是我的事情，要協助處理，幫忙客戶就能留住客戶。

如果客戶一直抱怨電腦系統很難使用，就要想，可能是我解釋得不夠清楚，耐心再解釋每個操作步驟；如果是系統有可以改進的地方，也要感謝客戶，表示會跟公司反應，將來設計時會進行改善，客戶的疑問獲得解決，客戶開心，對我來說也是經驗累積，可說是一舉兩得。

凡走過必留下痕跡，努力不會白費

理專的業績一般都是逐月算，在遠東商銀，每年三月是競賽月，我在第二年（二〇一二年）三月做了三百多萬元的手收業績，二〇一六年三月，我的手收達到四百多萬元，原本以為已經很難再突破了，但我努力再創高峰，二〇一七年三月，手收業績達六百七十萬元，單是一個月的業績就已經達到公司要求的年度目標，有些人上半年的手收才一百多萬元，而我光上半年的手收就超過一千二百萬元。

在我業績逐步攀升的過程中，二〇一七年三月是個指標月，我原本不敢抱太大的期望，但後來竟能衝出六百多萬元的手收佳績，這是因為之前談了幾個客戶都沒有下單，剛好都在這時決定投資，關鍵在於我始終和客戶保持聯繫，因為我抱持著「相信就會被看見」的信念，始終相信「只要努力去做，就一定會被客戶肯定」，剛好就在競賽月需要業績的時候，貴人出現了。

我知道，這絕對不是天上掉下來的禮物，能有收穫，在於我平常努力耕耘，累積能量。所以，由此我得到一個心得，一個成功的理專要做到三件事：摸透、解答和締結。首先要透過各種管道去「摸透」客戶的背景，並引導他們說出需求；然後根據客戶的需求提供協助和「解答」；而當你了解了客戶的需求，解決他們的問題，並以「好東西和好朋友分享」的心情，客戶自然願意買單，也就是「締結」。有些理專做不出成績，很大的原因在於他們不知道客戶要什麼？想知道客戶要什麼並不難，設身處地替客戶著想，就能知道答案。

另外，業務工作要成功，還需要一項能力，叫做「領悟」。電影《我和我的冠軍女兒》中有一句名言：「獎牌不是長在樹上，會自己掉下來，需要靠熱情、努力、愛，自己去爭取而來的。」我自己的努力過程就和電影的故事一樣，我知道所有的努力都不會白費，在努力的過程中，有時我甚至覺得被自己感動了，靠著這些感動，讓我堅定信念繼續往前走。

不論是在花旗銀行或是遠東商銀，我不像有些人一開始就有資產給你管理，我全都靠自己努力，一個客戶一個客戶慢慢開發，每個客戶如何辛苦地談成，在我的腦海中都有著深刻的畫面，都是一輩子的記憶，都是我的貴人。

為客戶年年站上星光舞台

每年站上星光頒獎台上，我心中想的是：「謝謝過去曾經幫助過我的每一個人，感謝你們，我才能有今天的榮耀；感謝公司給我充份的幫助，也感謝家人的支持和長官的鼓勵，期許自己未來要更加努力，以達成更高的目標，希望每年都能上台接受星光年度頒獎表揚。」雖然我每年都上台領星光獎，但上台只是一時，努力的過程其實才是一種享受，我時時想著這個舞台是屬於我的，我一定每

年都要站上去的想法，幫助我持續在舞台上發光發熱。

我早年其實沒那麼重視是否得獎，但後來發現，**站上舞台不是為了自己，而是為了客戶，為了向客戶證明你是佼佼者，這樣，你就更能獲得客戶的信任和支持。**

此外，我除了自己努力之外，到了接近年度結算時，也會幫同事看一下業績，若發現同事差一點就可以上星光舞台，或是多了什麼獎項，就發LINE提醒他們：「希望大家一起去星光。一年一度的大獎，證明自己給客戶看，我值得您的信任和支持。天天過而不思考，那是植物，天天過而拚命想，那是人類，天天過而拚命想且努力做到，那是人類的頂尖，那努力了卻沒有做到是不是平白浪費掉了？錯，因為路不會白走，過程會激發起你的熱情，現在你需要自己的幫忙，加油啊，戰友！」我認為這是一種善的循環，有些同事會說：「需要嗎？」但有些同事會因此再拚一點，最終站上領獎台，他們也會特別跟長官提到是因為我的鼓勵，激發他們努力衝刺的動力。

我的理專生涯在這幾年算是進入成熟期，業績大爆發。二〇一五年時手收超過千萬元，二〇一六年手收一千三百萬元，二〇一七年單是上半年手收就有一千二百萬元，二〇一六年的年收入已超過五百萬元。

我要特別感謝現在的主管黃建斌（Michael），由於他給我很大的空間，讓我啟發更多靈感，完成更多使命。有人說，「有教無類是老師，因材施教是教練」，他對我來說就是教練，他幫我承擔了很多後備支援溝通協調的工作，讓我無後顧之憂去衝業績，有這樣的主管，你可以專心扮演張飛，不然如果你還要分身扮演諸葛亮、關羽，當然會分身乏術。從事業務工作都會懂一個道理，當你磁場對了，能量就不一樣，氣順了就做得好，氣不順，業績就做不起來。

公司給每個分行都設有月業績目標，我通常不以達成個人目標為滿足，而是以達成團隊目標為期望，這樣會激發我更大的潛能。我相信，只要努力去拼，自然會有客戶上門，而大家一起拼，會讓個人的貢獻更有價值，過程中也享受大家一起奮鬥的革命時光。

自己達標的感覺雖然很興奮，但有一個好主管和一群夥伴，大家一起朝共同的目標邁進，那些毫不保留、用心努力的過程，使得業務工作更值得讓人留戀。

成功之前都是笑話，成功之後都是神話

從事理專工作，對自己公司的核心產品一定要天天演練，每天講和隔幾天才講，力道和說服力都會不同。記得曾有個同事跑來跟我說：「我夢見自己成功了！」我說：「真好，我都夢到自己在和客戶『Q&A』。」因為我不斷有案件在談，所以我不斷會有「Q&A」，隨時要解決及處理不同的狀況。有人覺得談成一個案件就很開心，認為自己成功了，但我不因這樣就自滿，只想不斷努力再求突破。

做類全委保單剛開始沒幾年，我曾經跟別人說，我的目標是一個月要做到六千萬元的額度，大家都覺得我在開玩笑，直說不可能，還有人回說：「那我可以做到兩『憶』，『失憶』和『回憶』！」碰上景氣不佳，也有人開玩笑說賺到三「億」——失憶、回憶和不容易。現在，我每個月單是做類全委保單都有五千萬元的業績，所以當你沒做到之前，說什麼人家都是當笑話看，但我做到了，別人當然刮目相看。

理專每個月的業績必須歸零，重頭算起，我們都笑說是「歸零膏」。對於沒有任何資源背景的理專來說，管理的資產從零元到十億元並不容易達成，我在花旗銀行花了七年時間達標，在遠東商銀只花了五年多就做到了。

理專當久了，發現和客戶不能只是談錢，而是要以愛為出發點去幫助客戶，這樣關係才能長長久久。有些人投資理財不喜歡透過理專，而是自己在網路操盤，這樣做能賺錢的人其實不多，因為理財是一門複雜的專業，要靠自己分析、設停利停損點，常常會誤判情勢；反觀很多有錢人，他們樂於和理專討論投資理財，因為不論在哪個時間點獲利了結，或是市場有任何波動，都會有理專幫忙提點留意。因為信任專業人員，當躲過金融風暴，資產不斷增加，客戶會跟你說：「謝謝，有你真好！」這就是理專的價值所在，客戶感動，自己也感動。

我要鼓勵和我一樣沒有背景的年輕人，如果你嫌自己的薪水低，就要轉行當業務，我相信，做業務能扭轉平凡的人生。

現在不少年輕人想創業，以為不用受老闆的氣，這種想法其實大錯特錯，殊不知，自己創業受的氣更多，因為當老闆要看更多人的臉色。且創業的各項開銷，包括店面租金、水電、人事等，通通要花錢，一開門就要付錢，如果沒有做好財務規劃，根本無法賺錢。而當業務可以學習理財和時間管理，當你能成為一個好的業務人員，再去當老闆都不遲。

雖然有些人當理專是靠著家世背景好而輕鬆管理龐大的資產，我則是靠一步一腳印，走出自己的成功之路！

遠東國際商業銀行
Far Eastern Int'l Bank
102年度 個人金融事業群
菁英榮耀獎
大稻埕 陳建志
遠東國際商業銀行
財富管理部

2015年度 銀行保險
大稻埕分行 陳建志

2016年3月
雙達標
大稻埕分行
陳建志
遠東國際商業銀行
個人金融事業群 敬贈

大稻埕分行
陳建志

我的成功方程式：你要先衝出好成績，就會更容易拉到客戶，也比較有資源去回饋給客戶，如此才能產生好的循環。

第5個開關

打開富腦袋：四十歲前累積四千萬財富

當你全心全意在工作上，做出業績來，就會有一定的成就感，也會有一定的獎金入帳，努力工作一定會有所回報。在幫客戶理財的同時，我也會運用專長，打理自己的財務，在投資配置上，看準了就不要亂挪動，長期持有，才能讓財富產生更多的回報。

我在二〇〇八年金融海嘯前就把大部份的資金贖回，在金融海嘯市場低點時，逐步買進多樣理財商品。有人問我如何能從金融海嘯中全身而退？我會開玩笑說：「農曆七月少投資。」因為當時正巧接近農曆鬼月，靠著自己對市場的敏感度，帶著客戶順利走過那一波風暴。有人說我運氣好，但投資本來講求的就是天時、地利、人和，還有敏感度，我都掌握到了，所以能順利度過風暴。

當時我以專業判斷，從大量資訊觀察市場，嗅出不對勁就快退場；而不論是國內外股市或是基金，低點就是最佳買點，客戶不買我就自己買。我買的基金在金融風暴時，有些也跌一些，但我還是在低檔持續買進，慢慢救回一支，再救回第二支，第三支……，然後我把所有的錢全部都轉投入美股，當時美股不論是大盤指數、S&P500指數、金融股、不動產指數等，都在相對低點，我投資到現在，獲利高達五百%，就是因為當時逢低買進。

英國石油在墨西哥灣漏油事件時我也買股票，之後有些標的賺了就賣，而在買賣的過程中我領悟到，有些好股票或是高配息股可以長期持有，到了你覺得滿意的價格就可以賣掉出場；我也用資本得利、存股和配息所賺的錢，完全不用另外再投入資金就可以買股，總計美股投資從開始的一百五十萬元，後來累積獲利變成八百萬元。

此外，我也投資台股，我自己很有實驗精神，當時聽客戶說：「與其給理專賺，不如買中鋼」，我就拿出部份資金去買中鋼股票，從三十幾塊買，一路跌，我還是持續買，到十九元我也買，後來中鋼整個報酬率，不含配息也有二十、三十%，當時我也建議客戶買中鋼，有人說：「開玩笑，我手上一千多張全賣掉了。」同樣一個標的，有人賺、有人賠，在於每個人選擇不同，最後的結果證明我對了，若說我是幸運，其實不是，是因為我對市場進行分析、累積經驗，加上正確的資金配置，我靠著自己的工作專業持續有收入，加上正確投資，才能累積更多財富。

大多數散戶投資台股很難賺到錢，是因為很多人喜歡買科技股，台股我只買傳產股，你可能會覺得我的投資方式太傻或是太笨，但我有自己的堅持，因為隨便進出，手續費就會吃掉很多獲利，如果長久持有，有配息、配股，絕不會賠太多。投資就是要靠錢滾錢，如果不投資，就滾不出錢來。

再舉例來說，有一陣子巴西幣跌得跟金融海嘯時一樣，巴西幣幣值從一比一點六美元，掉到一比三點三美元，但我跟客戶推薦，有人還是不買。還很多人說：「如果再來一次金融風暴，一定進場大買」，但事情發生了，大部份人還是不敢買。

金融海嘯後，我跟客戶說明現金流操作的重要性，如果收入大於支出，不亂花錢、自我控制能力良好，透過適當的理財就會產生更多錢出來，投資操作的重要原則就是逢低買進，當漲勢起來，錢是「整包」回來。我看過很多有錢人，財富都是這樣累積來的；但有些人只要看到低檔就嚇跑了，永遠賺不到錢。此外，國內和國外的股票操作也不同，國外上市股票每天的成交量都很大，標的一定要挑，如果不會挑股，不論國內外股票就跟著大盤買，像S&P500或是台灣50等，都是大盤指數股票。

我很感謝自己一路走來碰到很多成功的案例，所以讓我更有信心去做自認為對的事情，也讓我不到四十歲就累積超過四千萬元的資產。

窮爸爸與富爸爸

任何工作只要穩健踏實認真做，就能擁有一片天，理專工作也是如此。從事理專工作，幾乎每個人都會看《富爸爸，窮爸爸》，這本由羅伯特．清崎和莎朗．L．萊希特合著的理財聖經，書中成功致富的「富爸爸」一直強調，資產不要一直動來動去，而是要去衝刺你的本業，有固定收入再去從事投資，這樣理財才能產生正循環。舉例來說，如果因為要買房子而把所有原本設定的投資理財項目全部解掉，這些產品這時可能都不是在最理想的賣點，甚至是虧錢出場，這樣做你的財富永遠只能處於負循環。

我覺得很多人誤解《富爸爸，窮爸爸》這本書的內容，書中講的「窮爸爸」是個一路認真讀書念到博士，但每個月還要為繳付帳單而煩惱的人，如果這個

「窮爸爸」不夠聰明、不夠努力，如何給主角一個平穩的生活。要不是「窮爸爸」的關係，又怎麼有機會去認識這個很會投資理財、開公司，主角稱他為「富爸爸」的人，而這就是人脈的重要性。

很多人看完《富爸爸，窮爸爸》深受影響，也因此了解投資理財的重要性。理專的工作就是做業務，算是半個老闆，因為要自己去開發客戶，書中用比較極端的方式呈現「窮爸爸」雖然一路讀到博士，但當公務員要繳高額的所得稅，生活一直很清貧；「富爸爸」並沒有受過大學高等教育，沒繳什麼稅，但卻一直很有錢，「窮爸爸」和「富爸爸」兩人的觀念完全不同，「窮爸爸」告訴小孩要認真工作，「富爸爸」強調當老闆的就要懂得投資理財。

其實，不是人人都可以成為「富爸爸」，就現實面來說，從小我的世界裡只有真正的「窮爸爸」，才讓我一直努力直到有現在的成績。至於我自己對待孩子的態度，不是「窮爸爸」、也不是「富爸爸」，是「折衷爸爸」，我認為要綜合「窮爸爸」和「富爸爸」的優點，要從小培養孩子一定的知識和能力，教育小孩努力讀書成為優秀的人，然後成為每個領域前五%的佼佼者。

當老闆一定要做業務，不太可能沒遇過挫折，很多年輕人想自己創業當老闆，認為這樣就不用看老闆的臉色。以我自己來說，我覺得理專工作是個很好的學習機會，也算是半個老闆，我對現在的生活知足又滿意，雖然稱不上富豪，但在台灣社會，我的年收入超過五百萬元，應該能排上前五%。

我以自身的經驗鼓勵年輕人要認真工作，因為我發現很多剛出社會的新鮮人沒有專注在工作上，加上亂投資，或是投機，不走合法投資管道，到手的錢輕易就被自己輸掉了；再加上若不想提昇自己，沒有好好理財，資產配置又動來動去，因此存不到錢，到老了當然不能好好規劃退休生活。所以，年輕時要即早養成好的理財觀念，一步一步穩健地走，才能「養錢防老」。

窮腦袋與富腦袋

有錢人和窮人有什麼不同？我的觀察是，窮人有「窮腦袋」，有錢人有「富腦袋」。有錢人一定是收入大於支出，從「小富」慢慢累積成「大富」，小錢慢慢累積，長期累積一定會開花結果，這是永恆不變的道理。而窮人只懂得享受當下，有錢就花掉，沒有理財儲蓄的觀念，如果不能轉念投資自己的腦袋，就永遠只能是「窮腦袋」，過著窮人的生活。如果不打開致富開關，「窮腦袋」怎麼會變有錢人？

「窮腦袋」和「富腦袋」最明顯的差異就是，窮腦袋只會有「窮口袋」，富腦袋才會產生「富口袋」，因為窮人的腦袋封閉住，總覺得理專會「騙」你的錢，不願投資，還想走偏門賺錢，結果就只能繼續當辛苦生活的窮人；而有錢人普遍會提撥一部分的財產做投資，所以能變得更有錢。有錢人靠打開腦袋走正途「投資」致富，如果不走正道，只想靠些小聰明「投機」，最後大多只會落得貧窮的下場，手邊僅剩的一些錢慢慢也就沒了。

我歸納出有錢人和窮人差異的一套公式，一樣的環境，能不能成為有錢人，不同的學習態度，往往就會產生不同的結果：

死亡公式：因為沒錢→所以不學習→沒有賺錢的能力→繼續沒有錢→
繼續不學習→繼續沒有賺到錢→永遠不會有錢（惡性循環）

成功公式：因為沒錢→想辦法也要學習→心態端正地尋找賺錢的事業→

開始有錢→不斷學習（擁有人脈）→越來越有錢（良性循環）

比爾．蓋茲說：「人生最痛苦的事情就是陷入惡性循環而永無翻身之力！」其實，我現在努力帶著三十到五十歲的人理財，也是為了自己的小孩這一代，因為我現在幫這群人站起來、有錢了，他們能有更好的經濟生活條件，也就能幫到自己小孩的將來，我認為這是一個「良性循環」。

此外，很多年輕人一出社會就失去了學習力，要知道，有學歷不代表有能力，學習是一輩子的事。有時你工作的能量會消退，這時就要去學習充電，把能量即時更新。「有錢人」會有開放的頭腦去多方學習，幫助自己做正確的判斷，「窮人」則是不願意打開腦袋，就只會說「我沒錢」，然後直接拒絕，不想聽理專給的投資建議。其實有些人身邊有閒錢不算窮人，但就是不願意理財，永遠存不了大錢，便成「瞎忙」一族。股神巴菲特給瞎忙的人兩個建議：

1. 去接近成功人士，讓他們的想法影響你。
2. 走出去學習，讓精彩的世界影響你；世界沒有貧窮的口袋，只有貧窮的腦袋！

常有一些理專一直想換工作，我問他：「你在原本的工作單位有學到方法嗎？學到一定程度了嗎？」答案通常是不見得有，他只是想像換到別家公司工作會比較好，但根本不會如你所願。因為如果你一個月十八萬元的業務額度都沒辦法達到，換到別家公司，即使公司給你再多的客戶群，你就有辦法做到被要求的額度嗎？不可能的，你應該要想為什麼現在我沒辦法把成績做出來？但很多人不這樣想，只去怪公司的環境不好，或是分配到的客戶群不好。

我在上班之餘，就是不斷地上課學習，想辦法多認識一些前輩，積極向前輩吸取成功的經驗。因為接近成功的人，你就能預約成功，把「人脈」變「錢脈」，要學會發掘別人的價值，並把它變成自己的附加價值，再進一步整合人脈價值，創造彼此多贏的「貴人圈」。

我從小在貧窮的環境下長大，深刻領悟到，人窮的時候更要學習，要多聽成功者的建議。人不要怕窮，只要懂得培養自己擁有「富腦袋」，就不會失去生活的勇氣，不會丟失對事業進取的態度，所以，不要讓貧窮給自己太多阻力。英雄不怕出身低，只要把握「投資」和「時間」這兩樣寶貴的東西，清楚知道自己該投資什麼，同時加倍珍惜時間，在你窮的時候照著這些原則做，錢就會跟著來！

投資理財一定有風險，不可能穩賺不賠，但為何有人賺錢有人賠錢？我接觸那麼多客戶，面對那麼多市場變遷，觀察發現，客戶能否賺錢往往就在他們的一念之間。大家都知道要逢低買進，但低點時客戶都只想逃，像南非幣貶值時，你跟客戶說可以買，他說「這個國家可能要滅亡了」，我心想，「台灣這麼小的國家你住在這裡都不怕了，房地產還居高不下，你為何不覺得危險，如果對岸打過來，搞不好就像以前新台幣變新新台幣，一牛車的錢只能換幾塊錢？」任何商品只要在低點，就要放膽去買，就有機會獲利。

再舉例來說，台股或是基金幾年就會碰上一次大崩盤，低點時就是進場的好時機，但有些客戶這時不買股，只忙著怪理專，聽不進理專建議低點正是進場的時機，因為在低點買，並持續買進，最後錢會「一大包」回來。有些客戶的觀念不改，總是在低點賣出，他的想法是，「可能會再跌，我現在賣出是少賠。」但如果再跌時，建議客戶可以進場買，他會說：「一定會再跌」，等漲上來一點再建議客戶進場，他又會推說：「等多跌一點再買。」我看過很多例子，在低點持續加碼買的人一定會賺錢，如果一直採觀望態度的投資人，永遠都賺不到錢。

美國著名的成功學大師拿破崙．希爾說過：窮人有兩個非常典型的心態，一是永遠對機會說「不」；二是總想「一夜致富」。就是什麼機會放到他的面前，窮人都能說「不」，他給自己太多的限制了，其實想要有錢，真的要打開心、打開頭腦去聽、去看，想過以後再決定要或不要，但一定要接觸資訊才能有所收穫；另外，窮人都想「一夜致富」，但買樂透中大獎比被雷打到的機會還低，還有許多人想靠直銷致富，根據我的觀察，雖然有人真的靠直銷賺到錢，做得很成功，但畢竟只是少數，很多窮人想要靠直銷賺「快錢」，但如果沒有正確的「富頭腦」，往往越想用容易的方式賺大錢，就越有可能讓自己陷入「更貧窮」的狀態。

成功一定要享受被推銷

「要成功一定要享受被推銷，要成功一定要享受被推銷，要成功一定要享受被推銷」，很重要，所以要說三遍！

有時候我去上一些行銷課程，會邀同事一起參加，最後一定會「被推銷」，這是很正常的，但我發現，我和其他人不同的地方就是「享受被推銷」。在「被推銷」的過程中，一方面學習如何推銷產品、流程、話術等等，一方面也想有什麼地方可以合作，所以我總是能融入活動，全心投入，多半的學員最後可以成功加LINE，變成朋友，讓每一次參加課程除了吸收專業知識外，人脈收穫也滿載而歸。

接受「被推銷」不是一定要購買，每個人都有自己的消費考量，銷售人員也知道，但是讓對方感覺到你真的有認真思考他的建議，且真的有收穫，他也會得到做老師的滿足感，大家都開心。甚且現在不買不一定代表以後不買，不要總是把「不」字掛在嘴上，要想有更多收穫，一定要積極交流分享。我不管跟各行各業的人交流學習分享，就是抱持這種想法，充分享受當下的時光，所以也能跟客戶相處得很融洽愉快。

我也常會去參加一些成功故事分享會，主要是去了解什麼是當下的主流商品，也許客戶的接受度會比較高。做業務工作，不要以為自己懂很多了就不去學習，我會不斷充電，甚至直接打電話請教高手，這就是我和許多理專不一樣的地方。如果最近基金產品普遍賣得不錯，我就會去看看客戶持有的基金效益如何？是否需要提醒客戶做哪些調節？或是要客戶居高思危。或許是我熱愛業務這份工作，每個步驟、每個環節該想什麼？該做什麼？心裡都會反覆思索，多數理專不會去看業績排行榜，也不看別人在忙什麼，就悶著頭做，把自己關在象牙塔裡，當然做不出好成績。

業務行銷要成功，要懂得把「人脈」轉換成「錢脈」，但能因此獲致成功的人畢竟是少數。可能因為我自身的成長背景，總覺得每一塊錢都必須是辛苦賺來的才有踏實感，努力工作才會擁有一片天。行銷業界有許多傳奇故事，但並非每個人都能夠成為幸運兒，我常參加一些業務行銷說明會，了解不同的行銷手法，像是「九個月賺一億」的故事，聽起來好像錢很好賺，其實故事背後有玄機。

我發現很多年輕人都想在最短的時間內致富，想一步登天，成為傳奇。說明會現場往往有許多動人的口號，像是：「英雄決定戰場」、「方向不對、努力白費」、「不能錯過時代的浪潮」、「之前已經輸了，不能再輸」、「這些人是什麼星座、聽話照做」等，口號喊得很厲害，說得好像也對，有些聽起來和理財有些相似之處，但因為我的頭腦是清楚的，知道有些是可行的，而有些是萬萬不行。

我從小在貧困的環境長大，深覺，人窮不要緊，最重要的是不能失去努力的勇氣，要懂得投資自己。很多人都只看眼前，我要提醒一句話，不要管過去怎樣，而是應該想如何改變現在，當你跨步學習，就是改變的開始。

再來就是要讓自己站起來，沒工作就去找一份工作，不要嫌工作的薪資太低，工作不分貴賤，不要只看眼前的格局，要放眼未來。想清楚，當你沒飯吃時要靠誰？當然是靠自己，不要因為身段的束縛而讓自己餓肚子，應該好好工作，讓自己想吃什麼就有本錢吃什麼，這是我自己很深的體悟。我苦過來了，知道自己一定要有努力的目標，不斷前進。總而言之，就是要努力工作，還有不斷學習。同時了解該投資什麼，更加珍惜時間，有一天一定會脫離貧窮。

感謝比我厲害的人，是你們讓我知道還有進步的空間

成功有分大成功跟小成功，自己成功了是小成功，而大成功往往不是我贏了誰，而是我和很多人一起去完成，幫助很多客戶，我分享越多，合作得越多，幫

助的人越多，幫客戶把大大小小的事情都處理好，就能成就越大的成功。所以不要著眼在你贏了多少人，不一定要把別人踩下去，而是寧願大家都好，所以我一直強調「感恩的心」和「團隊合作」的重要性。

在理專業界有絕大多數的人和我一樣，踏入這個行業是完全沒有資源，從「零」開始，現在在遠東商銀我有自己專精的領域，有些同事在某些產品做得比我好，是我學習的對象，我認為有競爭對手是讓自己進步的一大動力。

有「飛魚」之稱的美國傳奇泳將菲爾普斯（Michael Phelps），他和美國另一名好手羅切特（Ryan Lochte），兩人互相砥礪求進步，成為體育史上最美好的競爭。兩人一起參加過四屆奧運，羅切特一共拿下六面金牌，雖然成就已經相當不錯，但擺在擁有二十多面奧運金牌的菲爾普斯面前，外界關注的焦點大多在菲爾普斯身上，不過羅切特不會因此而吃味，他曾大方地表示：「我認為這是體育史上最棒的競爭，重要的是不論輸贏，我們都是好朋友，我們都想贏，比賽結束後，我們關係依舊不變。」

羅切特的游泳生涯幾乎和菲爾普斯重疊，很多評論都表示，如果沒有菲爾普斯，羅切特可能就是泳壇的歷史名將，但菲爾普斯說：「如果沒有好友羅切特的刺激，我不會有那麼出色的成績。」

我認為，羅切特不因有菲爾普斯就自暴自棄，仍然努力做自己，也鼓勵菲爾普斯。有人做得比你好沒有關係，想成功，需要有堅強的心志，讓自己不斷進步，跟別人比是為了讓自己成長，只要心態正確，你會發現競爭讓自己更強大。

雖然我在理專業界已經有不錯的成績，但仍然有人比我做得更好。記得，不要因為別人比你好就自慚形穢，要相信自己能把客戶服務做得更完美，所以，就是堅持做好自己的事，如果別人有好表現，也不忘給予祝福。

我很感謝做得比我好的人，因為這樣讓我知道自己還有進步及突破的空間。有些頂尖的理專，管理家族企業四、五十億元的資金都是活水，每年都賺很多錢；也有人幸運接手離職同事的客戶群，業績很容易就做起來。其實各行各業都會有類似的情況，雖說天時、地利、人和很重要，但要相信，只要比你成功，就一定有他的過人之處，值得你去學習。

在理專這行，同事間難免有競爭，但我一直覺得幫助別人就是幫助自己，而且我知道最大的競爭對手就是自己。我不斷告訴自己，要專注在創造自己的故事，多幫助別人和鼓勵別人，以高標準要求自己，逼自己高速運轉，創造高價值，去照顧更多人，做到連自己都被自己感動時，就一定會成功。

我的成功心法：很多人問我成功的方法，我總是建議他們多接近成功的人，去跟他們學習，也許他們說的方法不見得適合你，但一定會改變你，讓你變得更積極。

第6個開關

理專的五個核心價值：信念、堅持、學習、行動、感恩

鴻海集團董事長郭台銘說成功有三個要素：一是執著，二是面對挫折的勇氣，三是樂觀的態度。綜合郭董的想法和我這些年來的觀察，我認為理專要成功，歸納起來有五個重要的核心價值，分別是：信念、堅持、學習、行動和感恩。

1. 信念：找到信念，信念越強大，離成功就越近。

我聽過兩首有關信念的歌，一首是陳奕迅的「相信自己無限極」，另外一首是五月天的「頑固」，從這兩首歌的歌詞中，我領悟到：找到心中的信念，信念越強大，離成功就越近；不是強要跟別人比，而是為了讓自己一直進步。

理專工作就是要幫客戶賺錢，提供最好的商品，穩健地經營操作，這樣才能把客戶留住，且一個客戶、一個客戶慢慢累積。你一定要抱著「善」的信念和客戶談，遇到問題就溝通，用這樣的信念才能感動客戶。換一個方式說，我的信念就是透過與公司配合，堅持以「幫助客戶、留住客戶」為優先，就會有越來越多的客戶，所以我珍惜每個可以為客戶服務的機會。

在遇到挫折時，我抱持著「提供給客戶的都是自己認同的好商品」，好東西一定要和好朋友分享，如果你現在不要，有機會我會再持續溝通，不會覺得被拒絕就是末路，並積極再去找下一個客戶分享。我經常遇到客戶一開始不認同，但後來轉念接受；也常碰上夫妻或是情侶兩人對於投資理念不同，一方說「好」、一方說「不要」，可能一拖就是幾個月，面對這種情況，我總是耐心地和客戶溝通，只要對方願意見面就是機會，對我來說就是經驗的累積，我不輕易放棄任何一個客戶，抱持著客戶「現在暫時不能接受，但以後一定能接受」的想法，只要雙方聊得開心，雖然當下沒有簽約，但總有一天客戶會接受的。

當經驗已經累積到了一定的程度，就不會那麼患得患失，就是保持平常心，記下客戶對產品的任何疑問或反對的意見，將問題條列化，並加以思考，或是跟長官及同事討論，總之，就是努力去找到答案，再回頭跟客戶解釋。只要有這樣的信念，相信最後一定會成功。

2.堅持：只要心中有客戶，就一定能殺出一條路來。

尼采說：「知道為何而活，就知道怎樣熬下去。」但其實，「堅持」絕對不是「固執」，而是要有所應變。舉例來說，一樣的日式連鎖火鍋店，在日本湯頭濃稠，到台灣可能口味就要有所改變，因為地區不同，接受的口感不一樣了，如果老闆硬要堅持和日本一樣的湯頭，不肯妥協，這樣是行不通的。如果老闆的思考方向是直線，只想提供道地的日式火鍋，而完全忽略因地制宜及消費者的感受，不做任何調整，這種以自我為中心的想法，我認為是固執。也就是說，堅持是為正確的目標而做，而固執則是為做而做。如果老闆走的路線能保有彈性，並以「讓台灣人愛上道地的日式火鍋」為目的，中間不斷修正並朝這個方向走，即使失敗，我也認為這是「美好的堅持」。

有些同事業務做得不錯，但仍無法卓越的原因是不夠渴望和不夠用心，因為不管月結或季結，在平常就要邊做邊累積能量，不要受情緒及身邊閒言碎語的干擾，不要因為身邊的人跟你說你很優秀就停止前進。要到達頂峰要一鼓作氣，最可怕的是你跟自己說「夠了」，這時你可能連小單也談不下來，更遑論攀登頂峰。

我從事理專多年，深刻領悟到，「失敗是成功的機會，成功也是失敗的理由」，所以，成功時不要得意，要持續堅持，加上應變，保持善良的初心。從事理專工作要賺到錢才能活下去，活不下去，你的產品就只能叫理論，你要有「客戶換了一個專員不會比我更好」的想法，要對自己有信心。

有些理專遇到瓶頸時會想，「換個地方工作就能突破」，因為不夠堅持，所以總看不到成功那一天到來。另外，有的理專則是人云亦云，公司要你說什麼，你就說什麼，完全沒有自己的想法和核心價值，就很容易載浮載沉，如果只想靠運氣，即使談成業績，也無法累積成功的經驗法則。

當你提升到一定的層次時就能了解，現在做的任何一個步驟都是有意義的，你只要想這樣做是為了客戶好，做事的力道就會不一樣。就像拳擊場上，為何拳王會說：「感覺對方的拳很輕」，這可能是因為對手已經被打腫臉，加上拳王背負的「堅持」和「責任」，使他能成功擊敗對手。所以，如果兩人實力相當，在關鍵時刻能否勝出，就在於你能不能堅持。

有個同事換了五、六家公司，跑來問我，「你為何可以做得那麼好？」因為他工作一直換來換去，不可能有客戶願意跟著他走，每到一個新環境，只能從頭開始，當然愈做愈沒信心。所以，雖然每家公司都會有不如你意的地方，但你不能只是抱怨，而是要為了客戶堅持下去。或許公司的環境條件變差了，對你有所影響，但如果環境變動對客戶的權益沒有影響，我就覺得可以接受，只要你全心全意為客戶想，儘管只有「湯湯水水」的收入也不會餓到。

不要只是空談口號，而是要「堅持」這樣的想法，力量就會很大，客戶也能感受到。所以，挫折在所難免，自己要去調整，只要堅持心中有客戶，就一定能殺出一條路來。

3.學習：只有不斷學習，才不會被時代拋棄。

不少上班族一覺醒來，坐在床邊就想：「真羨慕六十歲的人，他們可以退休了，領退休金，而我們還要等二十幾年，甚至還有可能領不到，我還一直傻傻的自提六％的退休金！」我覺得這樣的心態是不對的，我想退休的人應該也有人會想回到二十年前，就像阿里巴巴集團董事局主席馬雲說的：「願意用財產去換回二十歲青春時」，雖然不可能，但人都是喜歡用這樣的反差來自我安慰。

四十歲的人羨慕退休的人自由，領到退休金，小孩也大了，而對於正值奮鬥事業的年輕人，卻不該有這樣的想法，就像你四十歲時不該想像六十歲的事情，四十歲到六十歲這段期間，因為小孩還小，你還要努力工作，要面對很多的挑戰和很多的未知。此外，也不該陷在擔心金融工作將來會被AI人工智慧取代的憂愁裡，一直想著退休之前種種養家生活的壓力。其實，只要透過學習就可以打開你的心，充實你的心靈，帶領你去面對眼前的種種挑戰，不要一直去想未知的事，做無謂的擔心，只要好好充實自己，享受每個學習的片刻，現在的分分秒秒都要努力珍惜，因為每天都是最美好的一天。

為什麼我們要學習？因為人的視野有限，所以要走出去接收更多知識的洗禮。為了強大自己的心，我瘋狂去聽演講和上課，充實心靈和知識，這對我有很大的幫助，因為與演講者面對面，才能感受演講者的熱情和他的人生經歷。此外，上課還可以認識很多同學，我會約同學出來，請他們吃飯或喝咖啡，大家交流分享自己的上課感受、未來目標和業務的核心競爭力，每一次的學習都讓我收穫滿滿。

有同事問我：「你常常在進修上課、找客戶，專注在工作及學習上，會不會疏忽了家庭和小孩？」我認為，雖然照顧家庭和小孩很重要，但如果你現在不全心全力投入工作，可能更加沒有未來，更不可能好好照顧家人，孩子除了要從小教導他理財和做人，自己也要當小孩的典範。因此，不能只看眼前，要去向崇拜的強者及成功者學習，激勵自己成長。如果你現在還不是前五%的頂尖業務，那就去學習吧！不要再唉聲歎氣了，要持續努力，才可以當孩子的典範，要想，如果我能成為更好的人，就可以給孩子更多的資源跟身教。

我有個客戶的孩子在台灣念國際學校，原本打算送到美國讀書，後來覺得美國學校不好申請，轉送去日本，為此，他還在日本買了一間房子陪孩子上學，這些都需要花錢。所以，要栽培孩子，讓他有更好的學習環境，需要花大把的錢，如果你現在不努力工作，就沒有辦法支付孩子的學習需求。如果假日時陪孩子到公園玩你就覺得滿足，以後孩子長大了，有心要出國留學，當父母的如果沒有經濟能力可以供應，到時候只能遺憾。

如果你有能力可以不斷學習，就可以改變自己的經濟環境，擴大自己的朋友圈，將來就可以給孩子更多的資源。假使你一直胸無大志，只想花時間陪小孩，將來可能連工作都沒了，你會有更多的時間陪孩子，但這對孩子是最好的結果嗎？

或許這和我的成長過程有關，因為我一直在貧窮的環境中長大，有時會想：「假如我的父親在社會有一定的地位，像是銀行的分行經理，他是不是可以介紹更多的客戶或人脈給我？」我一直沒有這些資源，我常想跟別人說，你們都比我幸福，因為可以不用去顧慮這些事，如果父親可以提供多一點資源給我，不在於是否可以賺更多錢，而是有人可以引導，我的人生或許可以輕鬆一些。

金融商品不斷在推陳出新，我逼迫自己要不斷學習，打開專業知識的開關，才能幫客戶做好把關的工作。從事理專十多年來，我一直不斷在進修充實，花時間花金錢投資自己，我現在做的就是在幫孩子，與其說是為了留錢給子女，不如說是為子女樹立典範，讓孩子知道，他的父親是個努力工作的人，有顆上進的心，終身不斷學習。

4. 行動：要實現夢想，絕對要行動。

簡單來說，「行動」就是累積前面談到的「信念」、「堅持」和「學習」，然後去「執行」。理財商品不同，執行方法也要有所不同，理專不可能賣所有的產品，客人也不可能所有的產品都買。以吃飯當比喻，客戶要的是「套餐」，就不可能選「吃到飽」，客戶會有個人財務上的限制和考量，你要找出商品的優點來說服客戶，因為你還有競爭對手，就是別家銀行的理專，想脫穎而出就要想辦法，說服客戶你所提供的商品是最適合他的投資組合。

反過來說，客戶的需求你到底有沒有探尋出來？關鍵就在於你要站在客戶的立場思考，而不是只想賣產品。有些理專只想成交，返往拜訪耗掉許多時間，卻不去考量客戶的真正需求；我都是從客戶的立場去思考，告訴客戶現在的投資趨勢，及哪些是他們需要的理財商品，將你所學到的知識整合成話術，並建立每個客戶的檔案，有想法就找客戶聊，只要是對客戶好就堅持你的信念，勇往直前！

客戶往往就是最好的老師。你和客戶聊天，客戶會提出疑問和想法，同時他也會思考產品是不是符合他的需求。如果你覺得這個商品是對客戶好，就可以開始大量行動。我要給理專新人一個建議，好好去談成一筆交易，不管金額大小，當你徹底服務好一個客戶，並在之後累積客戶的過程中，不斷加入「行動量」和

「執行力」，相乘之下，業績一定會有所起色。

我曾去聽一場演講，碰到一個大三女生，問她為何來上課？她說：「現在年輕人薪資水準低，想要多了解一些理財觀念，為將來做打算。」這幾年理專界人才流失很快，斷層很嚴重，因為很多年輕人沒有衝勁，對未來沒有企盼，若沒有現成的客戶群就做不起來，目前理專大多是四、五十歲的中年族群。做理專要把自己當作老闆，要學習很多做事的「眉角」，有些人腦筋不會轉彎，手續費多少趴都不會變通，或是面對客戶要求退佣不會應付，其實這些細節都可以彈性處理，最重要的是要談成交易，但要處理好這些事，往往需要夠多的經驗，所以，別想那麼多，做就對了。

還有的人就是少一根筋，如果連制度都沒搞懂，怎麼衡量有多少談判空間？所以要先把制度了解清楚，評估自己能有多少折讓空間，你願意為客戶做怎樣的利益犧牲，使案件能成交，讓雙方都獲利。就像是做生意，每個存活下來的理專一定有他的生存之道，這行業做久了，和客戶就不只是利益的關係，而是已經有了感情和信任的基礎。把客戶當家人看待，是我這幾年業績能突飛猛進的主要原因，我做任何事都不會只想到賺錢，而是想如何把客戶照顧好。

總之，只要你有「信念」，找到對客戶好的商品，「堅持」多談，多「學習」，做好服務，客戶自然會轉介紹客戶給你，並且要大量「行動」，就能做出業績。很多事你在做的當下不知道會有什麼收穫，但只要你夠努力，成績在日後就會呈現出來。記住，只要努力，上天會回報你的！

5.感恩：把別人當成貴人，你也就變成珍寶。

每當我談成一個案件時，都心懷感恩，想著，「成功是因為整個團隊的努力，你只是代表公司，所以要感謝公司、感謝長官、感謝協助的同事，更要感謝客戶給你服務的機會。」不要覺得成功都是理所當然，每位客戶都是貴人，所以我一直把客戶當家人看待，把工作當志業看待，為志業打拚就不會輕言放棄。客戶能感受到我的真誠，就會幫我介紹親朋好友，客戶賺錢，我跟著開心，客戶發達，我也跟著沾光。

而除了要感恩對你好的人之外，對你不好的人也要感恩，感恩你所接觸到的每個人，只要用心，從每個人的身上一定都能有所收穫，不管是打擊還是鼓勵，都能成為你成長的養分。

我覺得服務客戶就像是木工師傅在雕琢一件作品，我要做的不只是完成一件事，而是要感動對方；不只整個服務的過程都要為客戶著想，甚至每個環節你都要服務到極致。我常會帶客戶去跑一些公家單位辦手續，其他理專不會做到這麼細緻，當你充分證明你和其他理專是不一樣的，你是全心全意為客戶，服務的力道不同，客戶都能感受得到。當行事圓滿，你所得到的將不會只是「小幸運」，客戶開心就會幫你再介紹更多客戶，貴人也就這樣一直產生下去。

在服務客戶的過程中，你的努力就像是鴨子划水，鴨子游在水上只看得見頭，但實際上水面下的腳要不斷划動。你的服務或許客戶一時沒有發現，但當他知道了，覺得沒有人可以做得比你還要好，客戶就會想，「我不跟他做生意要跟誰做？」因此，我能得到那麼多客戶的信任。

我常在想，成功不在於你贏過多少人，而在於你能與多少人分享利益，幫過多少人。你分享的人愈多，幫過的人愈多，服務的地方愈廣，成功的機會就會愈大。

我都把客戶當家人看待，把工作當事業看待，不會因為挫折就放棄，我要求自己不斷進修，才能提供客戶更專業的服務。我總是抱著感恩的心，每個客人都是我生命中的貴人，我也會從客戶身上學習，特別是那些年長的客戶，他們具有獨特的生活智慧，也各自有如何致富的故事，都是我學習的對象。

此外，我覺得幫助人就是存福氣，不要以為只有存錢重要，如果自己忙不過來，就介紹工作給需要的人，或是和不同產業的人互相交流分享；把別人當貴人，你也就變成珍寶。我現在年收入超過五百萬元，所得稅要繳上限四十%，我認為自己已經有回饋社會的能力，未來要多投入公益，實踐存德、存福氣的生活哲學。

沒有退路才能創造生路

我曾勸一個打算要換工作的同事留下來，我跟他說，「不是你換工作重新來過就會比較好，要去反省自己為什麼業績做不出來？」要堅持，客戶一個一個去累積，效益就會慢慢顯現出來，不要一開始就把目標訂得太高，而是好好去談成一個案件，紮紮實實去做，做出心得以後就會了解業務工作的技巧，搞懂了，業務自然就順了。將來再碰到客戶，一樣的問題，說出口時就會更有自信，客戶覺得你很專業，就會信任你，就會願意成交。

十幾年來，我的工作就是理專，至今只專注一件事情，深刻感受到「無所求才能有所得，沒有退路才能創造生路」的真諦。

前不久，一位年紀大我一輪的理專女前輩找我聊，她早年做得很不錯，後來重心轉移到家庭，她問我：「為何能成功？」我說，「成功的人要很專注，目標就鎖定一、二個項目。」其實，她也知道成功的方法就是「努力為客戶服務」，但達不到目標時就藉口一堆，「覺得做不到」、「假日要出去玩」、「陪家人」、「出國」，我覺得這都沒有不好，我回答：「這是妳的選擇，不過客戶也有客戶的感受。」平時不努力開發客戶，假日也不學習，成功當然不會平白從天上掉下來。

如果你羨慕我業績好，要知道，「一分耕耘，一分收穫」，要了解我是付出多少心血，加上我真心向成功的人請益學習，照著前輩的教導認真去做。

每個人都要為自己的成長和成功付出代價，當理專不能要求客戶配合，而是你要去配合客戶。行動勝於一切，要成功不能老是用想的，人活著就是拚一口氣，做理專就是要拚星光大道、拿年度大獎，往成功的路上可以輸，但不能忘記努力的這份初心。

客戶在意的是創富，而我在意的是如何幫客戶守護富貴，並且幫客戶傳承富貴。我的目標，我的夢想，和我的使命，驅使我不斷向前，不管退後的路，不要讓生活只是過得去，要讓生活值得回憶。

人在成功的當下不能太過自負，一定要有危機意識，你想複製一樣的模式繼續成功下去，但現實可能無法如你所願。在每次的規劃中都要重新審視，不斷調節，加入創意，也就是當你在正確的流程上都做對時，客戶還是不買單，就表示一定是哪裡有問題？要懂得去調整銷售方式，不斷反省和改善，做業務要有實驗的精神，也要隨時有危機意識，讓服務更面面俱到！

成功是瘋子的夢想加傻子的堅持

馬雲曾說：「和他一起創業的人當中，聰明的都離開了，留下的傻子都成了富豪！創業，就是一幫瘋子帶著一群傻子，在一起做一件未來可能很牛逼的事情！瘋子帶著的是夢想，傻子帶著的是勤奮與堅持。聰明人是不適合創業的，因為聰明的人都想走捷徑，都不想去學習、改變、成長，想一步登天，快速成功。所以，真正要做成一件事情，必須要有瘋子的夢想加傻子的堅持。」

馬雲的這段話讓我感觸良多，成功就是要有「瘋」的勁，因為你不能計較太多，而且「聰明反而是笨，笨才是聰明」。舉例來說，理財商品類全委保單因為理專從中所能認列的業績少之又少，但我覺得這個產品對客戶好，所以全心全力去推，不管收入有多少，很多人都說「你瘋了？」、「這麼傻？」，但我因為專注，累積出專業性就容易成交，積少成多，業績也是很可觀。

而且一旦你了解產品的優點，就有辦法去找到對的客戶。像是儲蓄險認列的業績最高，但我推這個商品不快樂，我希望能讓客戶很快賺到錢，創造出現金流，比較符合我的理財觀。但很多理專以業績為出發，你越想賺錢，越想衝業績，可能就越不容易成交，因為你推薦給客戶的產品不是他需要的，如果你站在客戶的立場想，產品是對他好的，推薦過程自然會產生不同的力道，客戶一眼就可以區別你和其他理專的差異在哪兒？

所以，「發瘋」有助成功，在於你堅持的是對的，我就是靠這樣的信念在做事，不去看有多大的好處，所以瘋子會成功、傻子會成功，反而是聰明人工作跳來跳去，始終做出不成績，所以笨的人努力堅持信念，其實才是最聰明的。

很多資深理專原本做得不錯，後來業績不行了就急流勇退，因為怕沒辦法拿出成績。理專的業績壓力永遠都在，只能不斷創造巔峰，而如何能不斷突破業績？這個問題困擾很多人，答案其實就是「瘋子的夢想加傻子的堅持」。

理專的成功法則就是要跟隨時代的腳步，隨時跟著法規的變遷去做調整。我當然也會花時間陪家人，但因為把客戶放在心上，讓我更充分利用零碎的時間，隨時為客戶傳送資訊或是想辦法為客戶解決問題。有些人受不了業績壓力，轉任管理工作，改盯著菜鳥理專扛績效，工作感覺好像比較輕鬆，但不一樣的工作內容，會有不同的成就感，而我就是喜歡接受挑戰，並且樂在其中。

投資理財的過程中，財富總值一定會起起落落，在《富爸爸，窮爸爸》這本書中，強調賺錢要有系統，就像富爸爸說的：「累積的經驗不會白費」，重點就是要認真賺錢，做好資產規劃，投資不要有太大的變動，穩穩地賺，不要一直想你的薪水有多少？而是要相信，只要你努力工作，就會賺到錢，並成為你投資的資產，然後錢滾錢，就會發展出一套專屬於你自己的資產配置運作模式。

理專工作也是這樣，只要努力就能培養出自己的客戶，建立客戶系統。以7-11的茶葉蛋為例，一家店一天賣不到幾顆茶葉蛋，賺不了什麼錢，而一旦變成系統，就可以透過連鎖店，累積賣很多的茶葉蛋，一天就能有很多進帳。所以，任何工作都是一樣的道理，只要你發展出一套系統，錢和資源就會源源不斷進來。

我這幾年為何能做得成功，主要是累積的成果，因為介紹給客戶的商品都賺錢，慢慢在理財界打出名號，很多客戶會幫我轉介紹客戶。我的操作模式和其他理專有所不同，並非我沒有失敗或是被客戶拒絕的例子，而是因為我不會強迫推銷商品給客戶。要挑選對的商品給對的客戶，而這必須透過和客戶多接觸，了解客戶的需求；還有，如果這是對的產品，而客戶一時不能接受，我會堅持和客戶討論、溝通，讓客戶相信這是我篩選過的商品，對他是有好處的。

理財商品五花八門，理專不可能樣樣精通，我建議要去找到自己的風格和路線，還要有自己的想法和信念。雖然公司每段時期都會有建議的商品，但我主要是以客戶為主，推客戶需要的產品，堅持自己的步調和信念，用自己的方法來做，如果你只跟隨公司的條件和制度，反而會損失更多。很多業務沒有認真傾聽客戶的需求，什麼產品都推薦給客戶，很容易就陣亡了，當然就無法建立自我品牌和信用，更遑論業界唯一。

西方有句諺語："NO Trust, NO Sales"，面對客戶，你要賣的是你的信任，所以答應客戶的事一定要做到。只要做好服務，生意就會一個接著一個來，創造出自己的品牌；以愛為出發點，把客戶當家人對待，他們自然會不斷介紹新客戶給你，你就能建立自己的客戶系統。

我非常重視和客戶溝通，協助客戶打開理財觀念的開關。我會為不同的客戶提供客製化的理財商品，不管他的投資金額多少，我都願意服務。我的服務宗旨是，提供客戶理財服務，從來沒想過自己會賺多少錢，只要能幫客戶理財致富就很快樂，所以我的客戶越來越多，樂在「錢追著我跑」。

回想台灣八〇年代，那時金融業暢旺，銀行工作算是金飯碗，但現在大環境差異很大，如果不用心、不好好端，飯碗很容易就砸破。當理專一路走來，發現很多同業因為不懂得變通，不懂得如何整合商品，結果敗下陣來；殊不知，要做好這份工作是要花心思，要靠功力，如果不夠努力，只能與成功擦身而過。

AI衝擊，人工智慧取代不了理專

科技發展突飛猛進，現在大家都在討論人工智慧將會取代什麼行業？很多人點名理專，但我認為不管人工智慧如何發展，理專這個行業不會消失。舉例來說，我有個客戶是經營日本貨的店家老闆娘，我從離職同事手上接下這個客戶時，她的三支基金都是負報酬，我接手後，三支基金漲幅均達到二到三成，最近要她獲利出場，客戶卻不願意。為什麼？這就是人性，遇過太多的例子，客戶有錢不會設停利點，通常我會和客戶再溝通磨合、分析利弊，確保她能保住獲利，這即是人腦思考的獨特性，是人工智慧無法取代的。

此外，任何投資交易，理專會有彈性的優惠空間，這需要和客戶搓合產生，只有業務人員可以談；此外，電腦不會自動轉介紹客戶，客群要靠理專經營才會擴大。因為電腦是死的，人腦是活的，理專才會給出人性化的建議，理專才會想要和客戶有未來，而電腦沒有情感，不會想要和客戶有未來。透過電腦投資，手續費用是死板板的，有些民眾雖然可以自己設停利停損點，但人性可能會讓你迷失，透過專業理專的操作才能讓你穩保獲利。

所以有心投入理專這個行業的新人們，要不斷進修，並學著如何去串連不同產業的資源，給客戶最好的服務和回饋，讓客戶從你身上獲得的不只是投資理財的好處，你就有存在的價值。舉例來說，有客戶住院沒有病房，或許我有認識醫院的醫師或工作人員，便可以協助詢問看看，有機會可以比較快排到床位；或是客戶跟你聊到旅遊計畫，如果你有認識的民宿老闆，可能提供優惠，便能讓客戶享受一些便利。

理專要成功，會做人很重要，你做人越成功，就不用擔心人工智慧的威脅。

有不懂的地方就問，客戶也會樂於分享他的人生故事，所以做這行不會只是單方面提供客戶服務，也可以從他們的人生故事得知如何成功、如何做生意、如何暢意人生！借鏡他們的人生智慧，你未來的人生道路上，遇到問題會少一些錯誤或挫折。從服務的角度去想，不要只想賺錢，有時生意就這樣不經意地進來了，你越想談生意，反而不見得能心想事成。多向客戶請益，除了得到人生智慧，還能做成生意，不是一舉兩得嗎！

我給理專新人的建議：如果你不行動，就不能累積經驗，而沒有累積失敗的經驗是不會成功的。

第7個開關

養錢防老：投資最大的風險就是什麼都不做！

低利率時代，透過理財才能以錢養錢。我問過很多人，最害怕老了遇到什麼問題？一般人最擔心的就是老了沒存足夠的退休金，其實，老了不可怕，怕的是沒有做好退休規劃，老了沒錢花，使得坐吃山空。

我從小貧苦，當理專的初衷就是想幫人過上更好的生活，入行至今仍然是充滿熱情，以愛為出發點，努力幫客戶理財致富。台灣民眾的理財教育向來很薄弱，反觀國外是從小就紮根，特別是在政府砍年金，全民未來退休金將縮水的情況下，為自己存退休金更為重要。存老本可讓老年生活無虞，退休後不用跟子女伸手是一種責任，也讓老年生活可以更有尊嚴。

我已經進入不惑之年，從花旗銀行到遠東銀行當理專一轉眼十多年，一路上兢兢業業服務客戶，看著客戶從沒有女友，到結婚、生小孩，有些客戶從壯年到孫子報到，到退休，一路上幫著客戶透過理財慢慢累積老本。而金融產品因為法規不斷在變，理財觀念也不斷在改變和前進，所以我不斷努力學習，調整理財新思維，希望與大家一起「養錢防老」，才能為自己存夠退休養老金。

養錢防老，樂活老年

我的理財啟蒙書是大三時買的一本《養錢防老—保障未來的理財指南》，至今仍是我的床頭書。這本書是曾被美國《Money》雜誌評選為對經濟最具影響力的七位人士之一的查爾斯．希瓦柏，他在西元一九九九年出版的著作，內容在於分享他個人投資理財四十多年的經驗。

他提到，寫書的主要原因是看到自己一位鄰居享受光鮮優渥的上半輩子，三十年前是個分公司經理，在當年光是月薪和佣金加起來就有五百美元，他和妻子兒女住在自己蓋的房子裡，甚至還有一些額外的生活享受，包括一艘船、一部休旅車、一間活動房屋，還有許多假期，但因為年輕時沒有好好規畫財務，晚年因為沒有退休金、沒有存款，到了七十三歲還要做著把貨物送上貨架及運送食物給公立學校的工作，時薪只有六美元，退休對他來說遙遙無期，再加上妻子的健康日益退化……。

作者深刻感受到「養錢防老」的重要性，當人越來越長壽，意味著需要更多的錢養老，然而通貨膨脹每天在啃蝕你存放在銀行的老本，所以懂得投資理財更顯重要。他在書中特別提到，雖然投資有風險，更要記住，投資的最大風險就是：什麼都不做！

根據美國一項長達四十年的追蹤調查，結果顯示，只有五%的人可以快樂退休，而在台灣，因為少子化，加上醫療進步，民眾平均餘命變長，而據統計，台灣二〇一七年勞動人口負擔的扶養比，每六個人要扶養一個老人，到了二〇三六年，將會變成每兩個人要扶養一個老人，如果不想成為

為什麼只有5%的人能快樂退休？

美國勞工局曾與《財富》雜誌進行一項長達40年的退休研究計畫，抽樣調查100位哈佛畢業生40年後的結果……

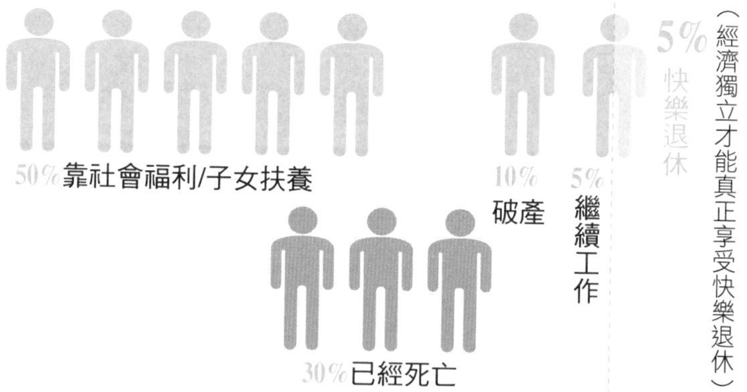

（資料來源：今周刊、行政院主計處、美國勞工統計局、遠東商銀）

孩子負擔不起的爸媽，每個人都應該及早做好「養錢防老」的準備。

盡早理財，不要成為「下流老人」

日本社會學者藤田孝典在二〇一六年出版《下流老人》一書，書中提到在日本年輕時月薪五萬元以上的中產階級，晚年可能成為又窮又老又孤單的「下流老人」，使之成為新名詞。在台灣也出現許多「老後貧窮」，如果不想步上後塵，年輕人、中年人應該好好理財規劃老本，避免日後走入「下流老人」的行列。

另外日本作家松原惇子所著的《獨老時代》一書，也提到在日本社會即便結婚、有孩子，你仍然有可能會迎接獨居的老後，在台灣也一樣面臨獨老的情況，人人都無法置身事外。

我從事理專十幾年，發現要引導客戶打開理財開關，就是要幫他們戒掉窮腦袋，才能有富口袋。世界上只有少數人可以創業成功，但每個人都可以透過金融投資，分享頂尖企業賺錢的能力。股神巴菲特以長期投資擁有股票，並且生活簡樸聞名，他在很年輕時就確認一輩子要以投資為志業，而他之所以能成為名列前茅的全球富豪，就是靠著投資理財致富，他投資的兩個主要關鍵分別是：

1. 認真挑選會賺錢的投資標的；
2. 長期投資，累積錢滾錢的複利效果。

越早投資，越早過富足的退休生活

有賺錢就要做好資產規劃，有收入就要準備退休金，有資產就要設立防火牆，有多的資產就要準備傳承。越早開始投資，越早可以過上富足的退休生活。

但台灣有很多民眾本末倒置，他們把生活重心放在理財而不是工作上，其實應該要先好好工作賺錢，因為全心投入工作才能有好的表現，才能不斷創造現金流，理財的事交給理專就好，讓他們幫你做好資產配置，用你自己創造的現金流持續加碼在資產配置上。

此外，許多人年輕時不會儲蓄，往往到了即將退休的年齡，才發現根本沒有存夠退休金，再加上孩子也無法提供足夠的照護，但這時才後悔顯然是太晚了。所以從年輕時就要時時刻刻想到，有賺錢就要存錢，提早為自己存退休金。存錢的同時也要懂得利用投資分散風險，設立防火牆。

舉例來說，如果你只做房地產一項投資，當它泡沫化時，租金不理想，房子賣不出去，會造成整個資金卡住，可能就此倒下；有錢人和窮人最大的差異，往往就在於有沒有做好資產配置，而做好資產配置後，不要常常去更動。如果你懂得守富，已經存夠了退休金，還有多出來的資產，就要做好傳富的規劃，如何透過保險或是信託等合法節稅方式，傳承給下一代，才能避免將來身後子女因分財產引爆紛爭。

政府砍年金，自己補足退休老本

政府近來急於砍年金，將來年金制度還可能面臨破產再修法，未來退休金將會比預期領得更少。民眾如果要靠年金退休實在不可靠，所以不論是軍公教或勞工，面對未來退休金大縮水的情況，老中青不同世代都應該重新學習理財，要有新的理財思維，才能為自己存足額的退休金。

在全球經濟受到低利率及高通膨夾擊下，單靠政府年金，民眾根本無法安穩退休。一般上班族如果靠死薪水，以上班三十年來計算，年薪四十萬元，一輩子賺一千二百萬元，年薪六十萬元，到退休時賺一千八百萬元，不吃不喝可能連間房子都買不起，所以一定要即早學習正確的理財觀念，為自己存夠退休金。

再因為高齡化的趨勢，長壽世代來臨，民眾更應該提早進行投資理財，為自己的老年生活存更多的老本。根據一項「二〇一七年國人財富態度大調查」發現，有超過八成的民眾認為應及早展開投資理財計畫，但開始準備退休金的年齡，平均卻在接近四十歲時才有具體行動，顯示一般民眾在認知和行動上有嚴重落差。

投資之神巴菲特總是強調「錢滾錢」的複利概念，山坡越長，滾出的雪球越大，也就是越早開始規畫退休金，在不同的年紀選擇「投資山坡」，才能滾出越大的雪球，輕鬆累積到足夠的退休金，讓你活到老、有錢到老，活到老、逐夢到老。

在台灣常見的退休投資理財工具中，銀行定存雖然保本，但利率太低；股票則是有八成散戶投資都虧錢；傳統保險保單固定利率低；單筆基金進場風險大；定期定額慎選挑股，風險低，並可穩定獲利；ETF股票型基金跟著大盤走，容易

常見退休金理財工具

種類	特色	流動
銀行存款	手續簡便	佳
股票	最廣泛，市場風險高	佳
傳統保險	固定利率；宣告利率	佳
單筆共同基金	廣泛，市場風險高	佳
基金定期定額	門檻低、廣泛的工具	佳
ETF股票型基金	手續費低，市場風險高	佳
海外債券	手續費低，市場風險低	佳
SD結構性存款	手續費低、甚至零手續費，市場風險低	低
類全委保單	投資綁定期限，手續費低，市場風險穩健	佳
以房養老	活化房地產資產	低

（資料參考遠東商銀網站）

掌握走勢；海外債券固定配息，利息比國內存款高；保本SD結構型商品，透過外幣存款保本，又可連結投資股票等商品，可創造高投資報酬；類全委保單利用保單由專家代操盤，穩健投資；政府推動的公益型以房養老，能活化不動產，讓老人活得有尊嚴。

不同年齡層要有不同的退休金規劃策略

如何存好、存夠退休金？

接下來要教老中青不同世代，

透過不同的理財工具，打開「養錢防老」的開關。為了不讓自己陷入又老又窮的困境，最好的方法就是趁早規劃，因為年紀越大，財務壓力也會越大。

我從事理專十幾年來，可說累積無數的成功經驗，建議民眾應分散投資，並隨著年齡增

不同年齡層要有不同的投資策略

族群	建議投資商品資產配置			
年輕族群	積極型比例	8~6成	穩健型比例	2~4成
	投資標的	ETF、股票、單筆基金	投資標的	存款、定期定額基金、類全委
中年族群	積極型比例	6成	穩健型比例	4成
	投資標的	ETF、股票	投資標的	SD、海外債券、類全委、定期定額基金
屆退族	積極型比例	5成	穩健型比例	5成
	投資標的	ETF、股票、單筆基金	投資標的	SD、海外債券、類全委
已退族	積極型比例	2~3成	穩健型比例	8~7成
	投資商品	ETF、股票	投資商品	SD、海外債券、類全委

長調整配置，這是理財不變的定律。年輕時投資商品要比較積極，年紀大了則建議風險性要降低，穩建型配置要提高，且每個人的配置要因年齡及資財收入而不同。理專的工作就是和客戶溝通，幫客戶規劃最適宜的商品，且越早做理財規劃存老本，便能提早預約優質的退休生活。

年輕族群：盡早存到第一桶金，才能錢滾錢

年輕人常開玩笑說「窮到只能吃土了」，來突顯月薪只有兩萬多元生活縮衣節食的窘境。如果不想一直當「吃土」的青貧族，更要學習理財，早日讓自己脫貧，無論如何一定要設法儲蓄，退休投資理財的首要工作就是強迫自己儲蓄，每個月幾千元也好，一定要做到「收入－儲蓄＝支出」。

年輕人出社會後，一定要在最短的時間內存到人生的「第一桶金」，特別是三十歲以前的年輕人，這時大多還沒有養家的經濟負擔，可以努力存錢、大膽投資，有了投資理財的經驗，練好基本功，之後只要平穩投資，就能錢滾錢，為自己存足退休金。

年輕時，多的是時間，少的是錢，所以一定要想辦法讓自己存錢，而不是一直想及時行樂，把辛苦賺來的錢輕鬆花掉，不然永遠存不到錢；也因為努力賺錢就沒有時間亂花錢，才能以最快的速度存到第一桶金。有的人在這個時候已經結交男女朋友，可以兩人一起打拚存錢，建立穩定的經濟基礎；愛情的滋味雖然甜蜜，但不能只顧著享樂，我認為，有了麵包才會有穩定的愛情。

努力存第一個百萬，之後財產會加速翻倍

要存第一個一百萬元聽起來好像很難，但只要肯努力工作，一定可以圓夢，因此，我給小資族的理財建議是「積少成多」。小錢可以選擇低波動、高複利的定期定額商品，提高累積財富的成功率；或是以定期定額的方式進場，透過強迫儲蓄的方式規律投資；也可以投資低波動沒有配息的基金理財保單，讓自己加速擁有第一桶金。簡單地說，年輕人存第一桶金的三個理財要訣是：選擇低波動、長期複利、高累積能力的商品。

年輕族群存第一桶金三要訣

要訣	特色	舉例
選擇低波動工具	淨值穩定	固定收益型基金、類全委
長期複利	規律投資、長期持續扣款	定期定額投資
高累積能力	資金先累積，不要配息，長期複利加乘，快速累積一桶金	選擇「累積級別」高收益債基金、類全委

（參考資料：遠東商銀、聯合報）

年輕時當存款累積到了三十萬元，就可以直接做類全委保單，每個月會有約一千五百元的配息收入。類全委保單適合年輕族群及不同世代，優點在於透過大公司的投資專家幫忙操作，你就像是公司的老闆，不用念到博士，卻有博士級的堅強投資團隊幫你賺錢，這是一個系統的概念，因為專家操盤波動小、配息穩定，風險也小。此外，ETF也適合年輕族群，因為年輕時比較承受得住風險，有獲利時收益效果更快。

小資族全心投入工作，讓自己每個月的收入大於支出，同時懂得理財投資，用錢滾錢，除了固定薪資之外，還要透過現金流理財，為自己加薪，收入就會越來越穩定，在正循環的影響之下，加速存到人生的第一桶金。

存款要從零到一百萬元真的很難，但從一百萬元到二百萬元，因為錢滾錢的效益就會加快。一般來說，年輕族群選擇積極型投資理財工具比重可以多一些，可佔六到八成，此外穩健型投資則是佔二到四成，並隨著年紀增長來調整比例，在退休前一定能存夠退休金。

我從小就有打工存錢的觀念，所以大學畢業前就存到第一桶金，也因為手邊有百萬積蓄，扣除緊急預備金，我利用資金大膽跨步理財，才能錢越滾越多。相信就會看見，這是我的真實經歷。

中年族群：三明治夾心族，壓力再大也要投資理財

中年人成家立業後，經濟基礎逐漸穩定，這時要學會放手，適時拉高理財資金比例，加快為自己存夠退休金。我發現很多中年人因為上有父母、下有兒女，成了三明治夾心族，很難為自己存錢。要知道，現在已經不是「養兒防老」的年

代，而是不要「養兒礙老」，要學會多愛自己一些，不要過多擔憂孩子成年後的生活，而是要培養孩子獨立自主，小孩念大學時就可以讓他承擔一些經濟壓力。

中年族群面對「三明治夾心」的殘酷現實，不論如何，還是要努力想辦法存錢，讓自己的收入大於支出，雖然每個家庭有不同的狀況，但要懂得取捨，要對未來的退休生活有強烈的危機意識。

如果你到中年手上還沒有錢，就和年輕人一樣，要趕快存錢理財，建議投資ETF或是股票；如果這時你手上已經有了「好幾桶金」，恭喜你，你可以選擇投資類全委保單，加速錢滾錢的速度。因為很多人在這個階段最為忙碌，沒有時間理財，所以可透過專家團隊幫你打理，就能創造穩定的現金流，但前提是要「有錢」，才能用錢滾錢，沒有錢一切都是空談。此外，中年族群畢竟有些年紀了，如果不能承受太大波動的商品，除了類全委保單外，還可透過定期定額購買債券型基金、海外債券、SD等投資產品。

中年人慢慢要為退休作打算，要有能穩定入帳的資金。我有個客戶是家庭主婦，因為離婚分得一筆贍養費，遂將大筆錢投資購買類全委保單，她說每個月都很期待配息日的到來，因為就像是上班族一樣，每個月都有固定收入，類全委保單的配息日就像是她的發薪日，每到這一天她都很開心，靠著這個「啞巴老公」，讓她生活有了目標和意義。

中高齡投資理財，債券比重可隨著年紀增加越來越高，根據專業分析，五十歲時最佳的投資配比為：債券五十％，股票五十％；到了七十歲，配比要調整為：債券七十％，股票三十％。

屆退族：加速佈局現金流

屆退族如果已經存夠退休金，就可以開始規劃退休生活，如果沒有足夠的存款，就要先試算一下退休金是否能支應退休生活。一般軍公教退休金都會月領，但勞退有人選擇一次領，其實如果可以撐到月退，最好還是領月退，因為政府年金再如何修法，只要你活得夠久，月退還是比一次領來得划算，這樣能有穩定的現金流，退休生活可以輕鬆些。

但如果你發現月退金比你預期的縮水，不足以支撐你退休後的開銷，可以提早規劃第二筆退休資金管道，也就是以手邊的積蓄買單筆基金、類全委保單，或是SD、債券型保單，因為這些產品風險低，且相對要求的資金額度高。媒體報導，從律師轉任公職現任金管會主委的顧立雄，發現從律師轉公職後收入大幅減少，他就是透過買保單的方式，幫自己增加月退休金，可見得用保單存退休金是保險又穩健的理財工具。

特別要提醒的是，以保單存退休金要越早越好，因為年紀大了才買保險，會被國稅局認為你是為了逃稅，可能會被徵稅，所以應該趁著年輕時即早利用保單存退休金。

建議屆退族股債投資比例各一半，投資的商品積極型和穩健型也應各佔五成。

已退族：保本保息，安養天年

已退休的老人家，投資方式最好保守一些。我有個客戶，道聽途說把大筆退休金拿去買台股科技股，結果九十多元買進，最後竟跌到每股只剩十塊多，退休金嚴重虧損。

退休族手邊的錢經不起投資失敗，一定要慎選投資標的，最好及早規劃穩健的投資產品，像是類全委保單、債券基金等，可以加速現金流，透過專家團隊操盤，讓退休後每個月有固定收入。此外，SD有穩定配息收益，也非常適合作為退休族的理財工具。退休族投資工具要保守些，以穩健的保本保息商品為主。

順便提醒退休族，愛小孩、愛家庭的同時，也要愛自己。可以算一下房子還有多少貸款？還有多少申貸額度？退休族一定要有一個觀念，那就是花剩的錢才留給子女。也就是退休後要多把錢花在和家人互動，早年可能因為工作疏於和家人相處，退休後身邊如果有錢就去旅遊、吃大餐，因為年紀大了最希望看到的就是家庭氣氛和諧，而不是累積財富。退休族要懂得對自己好一點，要懂得用錢來凝聚家庭的向心力，安享天年。

退休規劃新選擇——以房養老

如果屆臨退休，將沒有工作能力，才發現政府砍年金，退休金不夠用，這時如果手上還有房地產，不要死守著房子過苦日子，因為人不可能靠「吃磚頭」過日子，只要手邊有一些存款可以擔保，就可以申請房貸資金運用；此外，政府從二〇一三年起推出公益型「以房養老」政策，讓有房產沒有現金的年長者可以活化房地產，讓老年生活有穩定的現金流，可以活得更有尊嚴。

我的理財思維：眼界決定境界，思路決定出路，態度決定高度，格局決定結局，腦袋決定口袋。

第8個開關

解碼理財工具：如何從五花八門的商品中挑對目標？

投資市場的商品五花八門，我發現客戶在挑選時往往會有些迷思，其實，只要打破一些常見的盲點，理財就能So Easy。

共同基金

一、認識共同基金

共同基金就是由證券投資信託公司以發行受益憑證的方式，募集社會大眾的資金，累積成一筆大錢後，委由專業的基金經理人管理，並將募集來的資金運用於適當管道，例如：股票、債券等，當投資獲利時由投資大眾分享，虧損時亦由投資大眾分攤，證券信託投資公司則賺取基金的手續費與管理費。

二、投資特色

1. 集合小錢變大錢：共同基金因集合了數千人甚至數十萬人的個別小額資金，匯整為一大筆錢進行共同投資，而資金基礎越大，在金融市場上往往可以爭取到比較優惠的條件或折扣，同時可以進行更多的投資組合，提高投資勝算。

2.分散投資風險：絕多數個人投資因金額有限，所能選擇投資的工具及產業並不多，風險自然較高，共同基金因資金龐大，可以有計劃地分散資金，再加上基金經理人專業的判斷，風險大幅降低。

3.由專家經營管理：理財工具的多樣化與專業化，實在不是一般民眾所能掌握，所以委由專業人士代為操作，以其專業的素養及經驗，再加上背後提供資訊的研究團隊，自然能產生較高的效益。

4.變現流通性大：購買基金之後如急需用錢，可向基金公司要求贖回或到股票市場（封閉式）賣出，變現容易，基金公司一定要依淨值買回，不會有賣不掉的情況。

5.安全有保障：為了確保共同基金運作時資產的安全性和操作的專業性，共同基金的經理與保管業務採分開行事，且資產存放在獨立的基金專戶，是共同基金組成結構和運作上的最大特色，投資人的資金由保管機構專款辦理，安全有保障；再加上有主管機關所訂定的相關條文及規範來做嚴格把關，還有基金公司的財務報表也需經會計師簽證查核，這些措施可確保投資人的資金安全無虞。

三、投資風險

1.市場風險：這是共同基金最主要的風險來源，一旦金融市場有所波動，就會影響投資工具的價值。

2.匯兌風險：若投資國外的共同基金，因為海外基金以外幣為計價單位，因此資金悉數換成外幣，其間就可能發生匯差損失的風險。

3.利率風險：指利率大幅上漲或下跌時所帶來的損失，其中以債券型基金所受的影響最直接。

4.信用風險：可分為公司及基金兩個部份來說。在公司部份，基金公司如果有財務問題，雖不致於影響到投資人的資金安全，但多少會造成基金的績效及行政運作上產生困難，所以基金公司的信譽及經營情況的好壞，會影響基金的績效及運作；至於基金部份，是指基金的資產分配與績效，有些操盤人追求高績效，相對風險也就跟著提高。

（以上資料取自遠東商銀官網）

投資破解碼

一般投資人都知道基金要低買高賣，但依我多年的理專經驗，發現很多客戶都是低賣高買，在低點時怕會再跌所以不敢買，這是因為客戶不會用「整包錢」的觀念來看待基金投資。所以，這就是我在前文提到，不要一直去看帳面上的金額，只要做好資產配置，努力賺錢再投資，最後就能看到成果。我個人理財也是這樣，努力工作賺錢再投入理財配置，使之產生好的循環，才能累積擁有現在的財富。

一般人理財，虧損時不會理智的想到「這是最好的買點」，因為基金本來就是「一籃子標的」，所以當你投資不同的基金，不是只有「一包錢」，而是有「好幾包錢」，如果某個標的投資成果呈現負十%，這時你應該加碼，或是以定期定額再投資，當然也要視標的業別或市場的不同情況適度做調節，像新興市場波動幅度大，可能跌十五～二十％時就可以加碼，一般的大盤市場因為波動較小，只要跌個五％，就可以做定期定額的加碼投資。總之，在低點時不要輕舉妄動、逢低出場，有些人錯誤地把基金當成股票投資，抱著「掉下來的刀子不要接」的觀念，所以會在低點出場，因而造成損失。

有些投資人常會想，「先出場，等跌個五％再進來做」，但要知道「出場容易、進場難」。就是因為怕了才出場，等出場後，即使時間對了，基金價格很便宜，但是大部份投資人還是不會加碼，因為怕持續虧損；等價格回來了又會想，「等多跌一點再買」，結果價格就一路上去、回不來了。很多人投資基金賺不到錢就是因為這種情況。

像我個人在金融海嘯時，投資的基金也虧損三到五成，面對這種情況，我想到的是機會，這時我可以挑一支已經跌得夠深的基金加碼，因為一樣的錢，逢低可以買到更多的單位數。所以在低點時，如果你還繼續努力工作賺錢，這時就會有錢可以買入，等市場平均淨值回升時，就可以將「整包錢」提出場。我就是靠著定期定額再加碼的方式，讓原本虧損的標的慢慢翻身，直到把整包錢都救起來，後續獲利都在十%以上。

再以高收益債為例，二〇一六年因為油價走低，很多能源公司還不出錢來，但這個產業有強大的市場需求，不會整個不見。很多理專在低點時建議客戶出場，我則走自己的路，帶著客戶逆勢操作。當然，客戶一時之間會有抱怨，但後來證明我是對的，客戶就會知道你值得信任，就會一直跟著你走。

我有一位「阿姨」客戶，她手頭很寬裕，我陪著她做兩檔基金，其中一支價格下跌時，幾次勸她不要虧損出場，因為是在相對低點，但她不聽勸，心中疑惑，「這真的是在相對低點嗎?價格不會再更低嗎?」而急於賠錢出場，很讓人心疼，還好另外一支她聽我的建議，後來獲利六~七%才出場。

我要強調的是，如果能多累積一些成功經驗，就能賺到錢。有過「逆著走」的成功經驗，就會越來越有膽識，不會「人云亦云」。所以，投資就是經驗累積，看久了就會懂，沒有很深的道理。不過，說起來簡單，做起來卻不容易，實際上很多人都做不到，才會有人說：「成功的路上就是會很孤單。」

生活與投資要能兼顧，財產配置和持續工作都很重要。有客戶在低點時想買，但手邊沒錢，這就突顯財富配置的重要性，不能把所有資金都用來投資，要預留一些現金在身邊。而要有現金，努力工作賺錢很重要，這樣才能有不斷的現金流，才可以「用錢賺錢」。

在基金低點時，如果有現金能投資可以賺更多，再把獲利轉換到其他標的繼續投資，持續累積資產。所以包含巴菲特等有錢人，他們手邊一定會保留一筆現金，有活錢可以運用，投資就不會怕，可以隨時進場，輕鬆就可以產生「一包錢」，讓自己越來越有錢。

有些人投資玩到沒錢，也不認真工作，沒有固定收入，所以投資任何商品都會怕，注意力全放在投資這件事情上，而不是工作，只要基金價格有波動就很緊張，這是本末倒置。想要有錢，除了學會理財投資，應該把九成的心力放在工作上，有錢人遇到低點時會說：「沒關係，放著就好」，後來一定會再賺回來。像我也堅持努力工作，因為持續有收入，對投資就不會患得患失。

很多人為何一直無法有錢，我再舉個例子，有客戶為了買房子，竟然把所有的基金在低點時全部砍掉殺出，因為他沒有透過基金賺錢的成功經驗，就認為買房子應該比基金獲利來得快，這是極為錯誤的投資觀念。如果把錢留在基金，幾年後風水輪流轉，總是會有賺錢的一天，且買房子也不保證一定賺錢，我身邊的親友不少人買房地產就是虧錢，只是不好意思說而已。

ETF

一、認識ETF

ETF（Exchange Traded Fund），中文譯為「指數股票型基金」，在證券交易所掛牌買賣，以追蹤特定指數表現為目標；投資人如欲追求某一個市場或產業的股價報酬率，便可直接投資以該市場或產業指數為標的之ETF。ETF同時兼具基金及股票的優點，一筆交易即可直接投資一籃子股票，充分分散風險，是個方便、快捷且靈活的投資工具。

二、產品特色

1. 被動式管理，負擔成本相對較低：重點在特定指數的連動，經理人不主動選股。

2. 與股票交易方式相同，流動性高：交易方式跟股票一樣，將基金單位數於交易市場上買賣。

3. 持股透明度高：投資組合與指數持股一樣，投資組合每天公布。

三、主要風險

1. 價格波動及本金風險：ETF的價格可能因某些因素而在短期間內產生劇烈震動，投資人可能因此而損失部分或全部原始投資本金。

2. 流動性風險：部分ETF不具備充分的市場流動性，可能有不易或無法成交、停止交易或下市的情況，將導致投資人產生損失。此外，在流動性不足的情況下，投資人亦可能難以取得關於ETF價值或風險的可靠資訊。

3. 匯率風險：ETF為外幣計價商品，需留意外幣的收益及本金換算為本國貨幣或其他貨幣時可能產生的匯兌損失。

4.追蹤誤差風險：ETF不可能完全複製或追蹤標的指數，基金淨值與對應股價指數走勢可能會有誤差。

（以上資料取自遠東商銀官網）

投資破解碼

在台灣，許多散戶投資股票都沒賺到錢，反而投資ETF權指股的民眾有賺到錢，這是因為ETF是跟著大盤走。舉例來說，「台灣50」就是整合台灣排名前五十家的ETF股票；而ETF債券也是被動式根據大盤操作，所以ETF是屬於一籃子的投資。

這幾年美股ETF很夯，因為美股是國際市場上一個重要的大平台，世界各國的股票都會在美股交易，像是中國的阿里巴巴股票也在美國上市，等於是跨國際市場。另外，還有像S&P500指數，債券也有ETF，還有金融股指數ETF、不動產指數ETF、台灣股市ETF等世界各國的ETF股票指數，都是可進行交易的開放市場。

依我長久的觀察，美股ETF比基金的波動來得大，而投資ETF不像基金可以定期定額扣款，而是採單筆投資，不過手續費低，和基金投資原理相同，如果投資標的的漲幅大，要設停利點出場，如果跌幅達到二十~三十%，就可以再加碼進場。通常我比較不建議投資創新產業股，早年各國都很夯的太陽能產業，因為該產業大多是靠政府補助，像德國，後來太陽能產業有九成都掛掉，造成投資人虧損連連。

投資ETF的盲點往往和基金一樣，會「追漲殺跌」，如果是好的標的，低點時千萬不要急著殺出，而是要逢低買進。以我自己的投資經驗來說，像二〇〇九年金融海嘯時，有買美股的都賺到，我自己的獲利就高達五百%；二〇〇八年時我把所有的基金都成功解套，自己賺，也幫客戶賺。

逢低買進也是一個好策略，但有些投資人擔心此時進場仍有風險，怕會「整包錢不見」，這時，我通常會和客戶討論，先取得客戶的信任，再推薦他們適合國家的大盤ETF，或是單一產業ETF，專業理專的任務就是幫客戶好好把關，避免他們辛苦積存的錢最後付諸流水。

一、認識海外債券

債券是發行機構（借款人）向投資者（貸款人）所發出的借據，投資者買入債券，就成為發行機構的債權人，發行機構須按期支付承諾的利息，並於到期日歸還本金。債券的年期通常由一年以上至三十年不等，大部分債券屬於固定收益產品，適合穩健保守的投資人投資。

海外債券則是由外國發行機構，例如政府或公司所發行的政府公債或公司債。海外公司債券種類繁多，如浮動利率債券、可轉換債券、零息債券等，部分在交易所掛牌，但主要交易仍在店頭市場進行，其票息支付頻率與政府公債類似，美國是目前全球最大的單一國內公司債市場。

二、產品特色

1. 享有固定配息：在債券持有期間內，投資人可定期獲得利息收入，一般而言，債券提供的票面利率，往往比類似天期的同幣別之定期存款利率高。

2.發行機構承諾到期返還本金：除另有約定外，不管是固定利率債券、浮動利率債券，亦或是零息債券，發行機構皆承諾於債券到期日依債券票面價值全額償還。

3.潛在資本利得：海外債券的次級市場活絡，隨著市場的價格變動，若其市價比投資人原始買入時價格高，投資人可在此時選擇在次級市場賣出，享受資本利得收入。

三、主要風險

1.利率風險。
2.流動性風險。
3.匯兌風險。
4.通貨膨脹風險。
5.本金轉換風險。

（以上資料取自遠東商銀官網）

投資破解碼

簡單來說，海外債券就是海外公司跟你借錢，通常是一季、半年、一年給付固定的利息，投資人投資前可評估擔保公司的等級，還有債券的分類。投資海外債券的好處包括簡單、一個期別，且幣別可以分散投資，例如美金六成、歐元三成、澳幣一成。國人通常比較沒有幣別分散投資的概念，大多數人喜歡抱著台幣，這樣反而危險，因為資產配置如果多一些美元，就可以在全世界投資市場有更多選擇，畢竟美元還是世界上最強的貨幣。

民眾投資海外債券要有心理準備，因為投資期限會長達幾年，所以把錢拿出來投資就要暫時當這筆錢不存在，但到期就會連本帶利「一大包錢」整個還給你。很多有錢人喜歡買海外債券，因為投資相當簡單，且買進之後完全不用管它；但一般民眾投資海外債券會去關心幣值的波動，心情起起落落，就會想出場，如果忍不住殺出，就會損失利息，而且幣值換回台幣又多一次折損。有些沒有職業道德的理專不會攔阻客戶頻繁進出市場，因為客戶頻繁進出場，他就可以多賺一點手續費。

投資海外債券通常只要台幣三十萬元就可以進場，因為獲利穩健，有錢人往往一放就是三、五百萬元。先前俄羅斯銀行發行債券，殺到可以八成價買入，因為買入價格很低，到期日必可大幅增值，對投資人來說是難得的好機會，但許多人不敢買，後來事實證明，買到的客戶都大賺。但買賣債券也不保證不賠，曾有客戶在九十元時買入，卻在八十元時賣出，造成投資虧損，所以，投資債市要不賠錢，端看你能不能禁得起價格波動的壓力。

買入海外債券後一般就不要隨意去動它，但有時很穩健的產品也會因為國際新聞報導而影響投資人的信心。不久前，一家巴西能源公司在巴西總統選舉時傳出公司高層涉及賄選，導致該公司債券價格一時暴跌，其實這家公司的營運完全正常，但很多投資人擔心公司前景，於是慌亂逃走，而造成投資虧損。

市面上也有人專門收購「垃圾級債券」，像是當年雷曼兄弟債券低到五元、十元，沒人要，但法人機構卻搶著去收購，因為他們知道這些債券會有清算的一天，到時至少可以賺一倍以上。

投資要獲利就要逢低買進，遠光看得遠，不要看到虧損心就亂了。想賺錢就要相信專業理專的建議，還要承受得住壓力，累積多了成功經驗就不會怕，也不容易被市場消息所左右。

結構型商品

一、認識結構型商品

泛指結合固定收益產品及衍生性金融商品的投資工具。保本結構型商品藉由投資固定收益產品，可達到期滿保障本金的目的，而透過投資衍生性金融商品，則可達到資產增值的目的。

結構型商品可連結的標的眾多，包括利率、匯率、股價、指數、商品、信用事件，或其他利益及其組合等所衍生的交易契約。

二、產品特色

1. 參與不同市場的可能：可透過股票、一籃子股票、指數、一籃子指數、利率、匯率、基金、商品及信用等各種連結標的參與不同市場。其主要結構為固定收益商品加入各種不同選擇權的設計，投資人的投資損益可連結至各種不同的標的資產，使其報酬率型態有別於傳統的固定收益證券。

2. 可量身訂做：可依客戶風險偏好程度與風險承受度，客製化適合該投資人風險屬性之商品，使投資人對商品天期、連結標的之偏好與投資人風險屬性相契合。

三、產品簡介

1. 境外結構型商品：於國土境外，由國外投資銀行發行，以固定收益商品結合連結股權、利率、匯率、指數、商品、信用事件或其他利益等衍生性金融商品的複合式商品，並以債券的形式發行，是一種透過固定收益商品孳息投資衍生性金融商品來達到資產增值目的之金融商品。境外結構型商品根據不同幣別、配息方式及不同風險程度之連結標的組合，有機會獲得較高的投資收益。

2.境內結構型商品：結合定期存款及衍生性金融商品的投資工具，透過原本要支付給投資人的利息投資在選擇權部位上，以期達到提高收益之目的。

3.MCI多元外幣投資商品：指將外幣連結到某種或多種標的資產，以提供投資人較具彈性收益的投資工具之投資契約，在符合特定條件的情況下，收益可較原存款利率為高。

四、主要風險

1.連結標的風險：結構型商品並非傳統存款，而是一項投資，其投資損益將受連結標的匯率及利率等市場條件波動所影響，並依商品設計或條件不同，投資人所暴露之風險程度有所不同，可能發生部分利息或全部利息、本金減損或其他損失之風險。當市場行情不利於投資人的部位時，其經市價評估後之公平價值將下降，投資人就可能發生損失。

2.利率風險：其存續期間之市場價格將受發行幣別利率變更所影響，當該幣別利率調升時，商品之市場價格有可能下降，並有可能低於票面價格而損及原始投資金額。

3.流動性風險：較不具市場流通性，在極端的情況下，國內外市場或機構可能停止交易，以致投資人的部位無法平倉，損失或獲利都可能擴大或縮小。

4.匯兌風險：屬外幣計價之投資商品，若投資人於投資之初以等值之台幣或其他幣別轉換來承作本商品，須留意外幣之孳息及本金返還時，轉換回台幣時資產將可能產生低於投資本金之匯兌風險，若匯率大幅波動，可能產生的匯兌損失或利得，需由投資人自行承擔。

5.交易提前終止風險：倘附有提前到期條款，即本商品有提前到期的可能，投資人於商品存續期間，有可能面臨商品提前到期之再投資風險。

6.其他風險：信用風險、國家風險、稅賦風險、法律風險及再投資風險等。

五、課稅方式

1.境外結構型商品：納入海外所得之最低稅負制，較無節稅效果。

2.境內結構型商品或MCI多元外幣投資商品：所得採分離課稅，對高所得之投資人可達到節稅目的。

（以上資料取自遠東商銀官網）

投資破解碼

結構式存款（Structured Deposit）簡稱SD，就是存款連結某一投資標的，比如股價、利率、商品等。（參考下圖）

SD商品和債券投資有點像，SD偏向是銀行發行的商品，就是你借錢給銀行。比如這幾年最夯的南非幣投資，銀行跟你說好三年期南非幣每年固定六%，每季配息給你，三年後還本，和基金操作最大的不同是基金雖然也會配息，但基金不能保證保本。如果投資金額

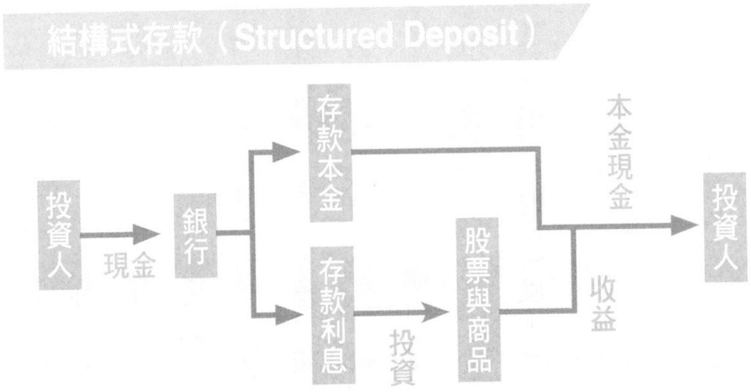

夠高，銀行還可以提供客製化商品，例如有客戶包一檔外幣保本金額，金額約是三千萬台幣。

SD商品有保本和非保本，我操作的大多是保本的居多，因為到期保本保息。當然，市場也會有波動性，但投資保本商品如果幣值有起落，到期時你可以不用換回台幣，等到外幣價格好時再換回台幣，這樣可以利息和匯率兩頭賺。

我通常會建議客戶在本金及利息都到達滿意價位時再賣出，但客戶最大的盲點通常就是會急著換成台幣，感覺比較安心。有些客戶喜歡做不同幣別的轉換，一下美金、一下日幣，這樣操作會讓手續費把利潤都吃光了，不容易賺錢。

銀行通常會看市場情況，每隔一段時間推出不同幣別的產品，所以當你投資的商品到期時，可以看銀行當時推出的產品再選擇投資項目。若有好的商品，試著配合有經驗的理專一同分析了解，看好後大膽買入，做好外幣配置，要賺錢不會太難。

保險

一、認識保險

保險是一種無形的商品，其目的是為確保未來經濟生活的安定，對特定危險事故發生所致的損失，集合多數人的力量來消化彌補損失的一種經濟制度。

規劃保單時，需依自己所處的人生階段，全盤檢視個人的保險需求，同時考量自己的財務狀況，選擇真正符合自己的保險規劃，簡單來說就是花最少的錢買最大的保障，以進行人生風險管理。

二、保險商品種類

1. 保障型：對突發事件擁有金錢支出的保障。
2. 儲蓄型：兼顧保障與理財雙重功能。
3. 投資型：結合保險與投資兩種功能。
4. 財產保險：滿足投資人對個人財產的保障需求。

5. 商業保險：企業營運風險之避險規劃。

三、類全委性保單商品特色

1. 退休規劃或保險保障，可自由選擇。
2. 不同操作策略的各全權委託帳戶，及多幣別停泊帳戶等投資標的，可自由選擇。
3. 各全權委託帳戶投資標的提供不同的資產撥回機制，可靈活運用現金流。
4. 專家代操，降低風險。

（以上資料取自遠東商銀官網）

投資破解碼

微軟公司創辦人比爾・蓋茲曾說：「保險是最佳理財方式，同時也是送給自己和家人最好的禮物。」綜觀保險的好處：買意外險，行程路上能多一份安心；

買醫療險，住院不用花自己的錢；買教育險，能給孩子確定的未來；買養老險，老年生活更有保障；買財富傳承險，使名下資產能合理避稅。保險不能改變現在，但是可以預防將來被改變，讓生活更有保障！

而我覺得買保險就像付停車費一樣，當你的車子被拖吊時，你才會想自己怎麼不去好好找個停車位，付點停車費呢？保險就是依個人的需求，買一份適合自己的保障。很多理專喜歡推儲蓄險，因為賣儲蓄險能收到的手續費是最高的，而我和別的理專不太一樣，不以賺錢為目的，而是以客戶利益為主要考量。

用保單退休的好處

一般的投資多是單純的資金投資，若沒做好規劃，造成虧損就是錢損失掉了，而如果一樣的錢是拿來買壽險，投資的部位是透過AI用大數據挑選，有專業團隊操作，幫客戶做資產配置時會依市場狀況去調整股票、債券或是外幣的投資比重，雖然市場的震盪在所難免，但經過嚴格的挑選，波動由專家控管，一定會比一般投資人自己投資來得穩定，風險小很多。且投資人身故，一般的單純投資就算資產，如果當年股利有二百萬元，要扣綜合所得稅，但假使錢是放在壽險，一樣的配息，這二百萬元將不需要繳綜所稅。

投資型壽險保單分為甲、乙型兩種，甲型的死亡給付金額為保險金額或保單帳戶價值取其大，乙型的死亡給付則是保險金額加上保險帳戶價值。我推薦的保單都是甲型，如果遇到保險人身故時，取其最高給付金額，也就是說雖然虧損兩成，但還是還百分之百，且直接把錢給客戶指定的受益人，不用管特留份，發揮財富傳承的功能。

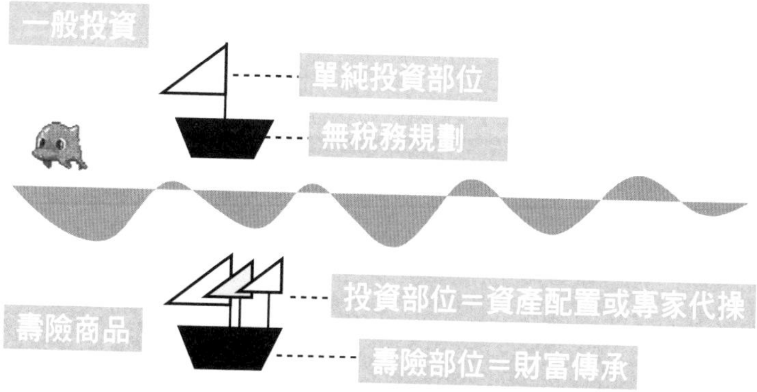

圖片由遠東商銀提供

類全委保單和國內行之有年的「組合式基金」十分相似。國內從二〇一三年出現類全委保單開始，連年熱賣，類全委保單到底是什麼？簡單的說，過去要找專業經理人全權委託，必須手上要有大量資金，多數投資人無法負擔。保險公司透過發行類全委保單，集結資金後，委託投信公司代為操作。

以前，投資人選擇投資標的，必須時時注意市場風向，而類全委保單則是由專業經理人代操，並不直接投資有價證券，而是替保戶投資基金，並隨時調整。這種「懶人」的投資方式，很受客戶歡迎，因此有所謂「懶人的聰明保單」稱號。不過，民眾投資前最好要了解投信選擇的是否為開放平台。

以遠東商銀所推出的「安聯人壽遠滿順利變額年金保險」、「安聯人壽遠滿順利變額萬能壽險」等投資型保險專案為例，就是連結類全委保單，由安聯人壽分別委託安聯證券投資信託、復華證券投資信託、群益證券投資信託及富蘭克林華美證券投資信託，投資標的包括台幣環球股債均衡組合、美元環球股債均衡組合，以及美元環球ETF股債收益組合等基金。過去投資型保單連結各類基金，必須由保戶自行挑選，但許多保戶常不知如何選擇或是如何設立停損停利點，透過投資型保單連結的類全委保單，讓投資人以小資金就可以輕鬆享有專業基金管理團隊的代操服務，透明、彈性且能規畫符合效益的人身保障，讓客戶同時享有人

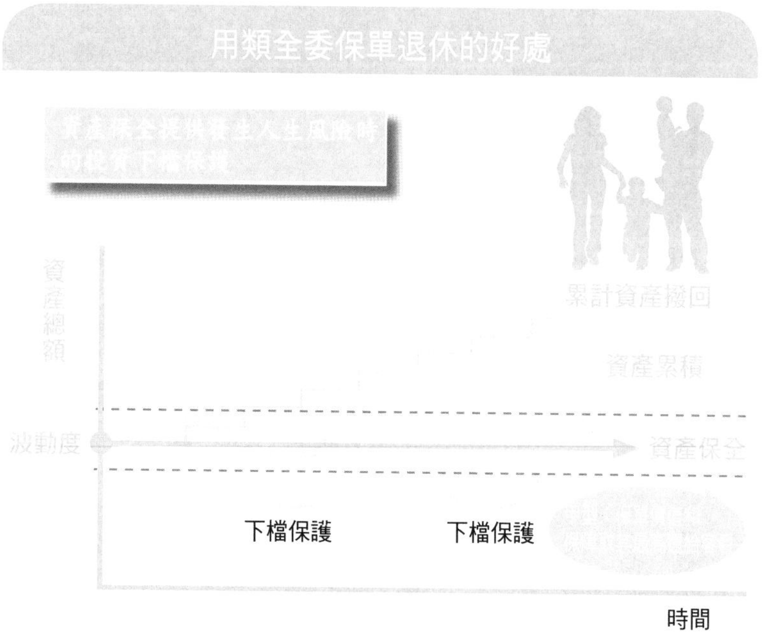

圖片由遠東商銀提供

身保障與財務規劃。

類全委保單在各種理財商品中，手續費收入較低，所以許多理專銷售意願較低，我則不以手續費收入做考量，而以這個產品好不好來決定要不要推薦給客戶，要不要購買，客戶有完全的決定權。其實理專的績效現在看關鍵績效指標（KPI），很多項目需達標，很容易被扣分，所以不用管獎金多少，因為當你認真去做對的事情時，你就會做得很快樂，反正理專的收入是積少成多，我就是堅持做自己想做的事。

上頁的圖表說明類全委保單，投資一定會有波動，因為是壽險甲型保單，所以取其高給客戶，保障退休資金，也就是投資的最後報酬如果低於進場時的面額，設有保護傘，比如說進場時的資金是一千萬元，如果保單保障是一百一十五%，功德圓滿時，就會還你一千一百五十萬元，若保單價值是一千一百八十萬元，功德圓滿時則是給一千一百八十萬元，也就是配息會一直累積，並直接轉到客戶的帳戶內，所以用壽險甲型類全委保單退休，資產累積會是本金加上配息，保全你的退休資產。

以房養老

一、產品說明

「以房養老」在美國、日本、澳洲等國家行之有年，台灣人口快速老化，傳統「養兒防老」的觀念已經過時，取而代之的將是「以房養老」。目前國內已有多家銀行開辦該項業務，使房產轉變為現金，讓退休老人每個月都能有固定的生活費。

政府在二〇一三年三月一日，推出不動產逆向抵押制度試辦方案，就是俗稱的「以房養老」，當時推行的主要考量有以下兩點：

一是鑒於「有土斯有財」的傳統觀念，因此老人擁有房屋的比率相當高，但是許多老人因名下不動產價值超過社會救助法規定，而無法取得低收入戶資格，或是老人有房子卻缺少生活費，加上屢屢有老人因提早把名下不動產過戶給子女，反而被子女疏忽照顧的案例，所以老人普遍認為名下有不動產比較有安全感。

二者因我國老齡人口數逐年增加，平均餘命延長，老人不論在經濟安全或生活照顧的需求勢必提高，政府因此思考如何讓老人在退休後有尊嚴地度過晚年，於是參考國外行之有年的以房養老制度，協助老人將自有不動產逆向抵押給政府，政府依老人年齡、性別及不動產價值，精算出每月可折現的金額。透過以房養老制度，老人仍然可繼續住在自己的住宅，擁有不動產的所有權，完全不影響生活，讓老人每月有固定的生活費用，且不會影響現有社會福利的權益。順便一提，房價高時，執行以房養老計畫對消費者相對有利。

國外給付制度有的採十年、二十年、三十年或終身，政府為使老人長

公益型以房養老給付內容　單位：元／月

年齡及性別 / 不動產估價現值(萬元)	65歲		70歲		75歲	
	男	女	男	女	男	女
300	8200	7100	10300	9000	13400	11700
500	13800	11900	17300	15000	22500	19600
700	19300	16800	24300	21100	31600	27600
1000	27700	24000	34800	30300	45300	39500
1200	33200	28800	41800	36300	54400	47400

期有穩定的生活費用，也特別採「終身給付制」，由代辦銀行按月撥入申辦人帳戶，直到申辦人終老為止。每月給付金額也以逐年遞增一%的方式精算，目的為因應通貨膨脹，以維護申辦人的基本生活需求。

行政院在二〇一三年起試辦「不動產逆向抵押貸款制度」，簡稱「公益型以房養老」，不過，因為規定需年滿六十五歲、無法定繼承人、單獨擁有不動產等申請資格限制，成效並不理想。

二、產品特色

1. 可以領一輩子：以房養老制度的推行，為政府為解決老年人生活的問題，因此將「長壽風險」轉嫁給銀行，如果銀髮族活得太久，養老金可能超過房產的價值，而銀行就必須承擔這個風險。

2. 一旦給付就不能解約：和銀行簽立契約開始給付養老金後，便不能終止契約，如果是和保險公司合作的銀行，雖然能保證「給付期間，若借款人身故，可由受益人領到期滿為止」，但年金險不能中途解約。

3.房屋所有權仍可順利移轉給子女：銀髮族將房子抵押給銀行後，還能繼續住在原本的房子裡，身故後，房屋所有權有兩個處理方式：由銀行取得房屋所有權；由繼承人清償或是承接貸款，仍然可順利保有房屋所有權。

「有土斯有財」是許多人的傳統觀念，許多人難以放棄辛苦一輩子的所得，以房養老雖能移轉長壽風險，但卻不能中途解約，如何選擇需視個人需求而定。

投資破解碼

《Money錢雜誌》一〇四期（二〇一六年五月出刊）特別以「不要窮得只剩一間屋！『以房養老』退休新選擇」為主題，進行專題報導，文中指出，即使你現在月薪五萬，如果還用舊思維，那麼到了晚年，就有可能會成為「下流老人」。

伴隨著高齡化、少子化趨勢，準退休族要有新思維，以往，老一輩習慣把房子「留」給後代子孫，現代應該思考善用房子的既存價值，幫自己規劃退休金，以追求個人更好的退休生活品質。

報導中特別提到，政府推動的「以房養老」源起，是因為前幾年國內發生多起獨居老人坐擁黃金屋，卻因不符合社會救助資格而餓死家中的悲劇，因此試辦「公益型以房養老」，但因申請資格限制多，以致成效不彰。政治大學風險管理與保險學系副教授彭金隆指出，隨著台灣進入高齡化時代，老人商機是銀行的新藍海，相較過去定存轉類定存保單，可結合房貸、保險與信託商品的「以房養老」專案，成為銀行與保險結合的新商業模式，可說是「銀行通路的保險二・〇版」。

台灣的房價高，許多民眾一生的積蓄都押在房子上，到了老年，空有高價的不動產，卻沒有現金照顧自己的晚年生活，現在，透過「以房養老」就可以讓老年人活化凍結在不動產上的儲蓄。每個月有固定的生活費，不用向子女拿錢，可以享受比較高品質及有尊嚴的晚年生活。

及早準備退休金，享受樂活老年

根據《遠見雜誌》公佈的「二〇一七年台灣退休幸福指數大調查」，從財務、健康與生活三大層面的自由度解析台灣退休族是否過著有品質的退休生活，調查結果顯示，退休幸福指數只有六十五．五分，台灣退休族資金缺口大，平均約缺少四百二十萬元。調查中也發現，國人對於退休金有三大盲點：過度依賴政府、理財觀念偏差、以及輕忽退休金缺口。調查研究也指出，其中約有四十八．三%的民眾沒有進行理財，高達七十一%的受訪者認為要享有高品質的退休生活，目前的財務水準仍然不足。

《遠見雜誌》創辦人高希均並強調，現在台灣人越來越長壽、醫學越來越發達，每個人到八十歲要過得非常有意義，有尊嚴、也要很獨立，最好不要靠政府、子女的幫忙，如果要靠自己，從第一天工作開始就要有很好的財務規劃。

另一項台灣二〇一六年、二〇一七年的退休快樂指數調查也發現一個現象，有理財習慣的民眾，對於退休準備與意識越高，反映在調查上，這群人不論在財富、健康、自我意識的分數，都比起平均值高，更遠優於沒有理財習慣的民眾。

因此越早開始準備、資金準備越充裕的人，才能在退休後不用為錢煩惱，真正享受無後顧之憂的第二人生。

政府推動各種年金改革，造成民眾退休金縮水，要減少年金改革的衝擊，學習重新理財成為全民課題。不只在台灣，國外許多先進國家也曾進行年金改革，使得民眾的退休金大打折扣。以瑞典為例，在一九九八年完成年金改革，政府同時加強全民理財素養，降低年金改革對民眾的衝擊。國人也應有正確的理財觀念，靠著正確的投資理財策略，才能為自己賺取充足的退休金。

我的退休宣言：退休金靠政府沒把握，靠子女不敢想，靠長輩要等很久。所以不論哪個世代，退休金靠自己最實在，想要早點退休就要早點規劃，才能早日圓夢。

後記

感恩、回饋，讓生命更富有

諾貝爾文學獎得主挪威作家溫塞特說：「如果一個人有足夠的信念，就能創造生命的奇蹟。」生長在沒錢買奶粉、差點付不出學費的家庭，我從小到大挫折不少，但「吃苦當吃補」讓我越挫越勇，因為自己有足夠的信念，再加上堅持、學習、行動和感恩，相信就能看見，成功脫貧變有錢。

努力打工，大學畢業前就存到第一桶金；從事理專工作十多年，沒有家世背景當靠山，我就是山，客戶一個一個累積，客群橫跨士農工商，有小資族、無殼族、有殼族、公教族、勞工族、大老闆、董娘、屆退族、退休族……，從菜鳥到老鳥，經手管理的資產從零到二十億元，不到四十歲累積個人財富已有四千萬元，年收入超過五百萬元。

我深深知道，努力不一定會成功，但不努力一定不會成功，很幸運的我是努力又開花結果的人。感謝一路上相助的貴人，讓我創造出生命奇蹟，擁有現在的成就和財富！

很多人以為有了錢就有了一切，其實不然，錢如果守不住也是枉然。而金錢對我來說只是出門吃飯可以吃得好一點，不用去煩惱帳單，想旅遊就去旅遊，現在錢賺夠了，我除了繼續服務客戶，還想做公益找到自己的使命和價值，未來我會多投入一些心力在社會公益活動上。

記得有一次和高中好友聚會時，聽到一句話：「放進口袋裡是一種滿足，從口袋裡拿出來是一種成就」，雖然我年所得扣稅為上限的四十%，但自己不會心疼，反而覺得這是一份成就，也代表我已經有能力可以回饋社會。

出版這本書是希望以理財老鳥的身份，分享個人一路打開理財開關的經驗，供菜鳥理專和一般民眾參考，未來也希望多從事公益講座，把自己的理財專業和更多人分享，傳授正確的理財觀念，讓理財成為全民運動，且只要我在銀行界工作年收入在百萬以上，這本書的版稅將全數捐給公益團體或學校。

我始終認為付出、貢獻將來會有福報，我的客戶許多是年長者，看著他們透過正確理財投資「養錢防老」，有錢可以到處玩，就覺得自己做的事情很有意義，也做得很快樂。

用愛與關懷持續打開開關

在人生中每打開一個開關，就是一個理想的實現，老天爺給人一生的功課，就是不斷打開生命旅途上各個階段的不同開關。理專工作一路走來，不論是碰到對我好或是對我不好的人，我都把他當成貴人，感謝生命中所有遇到的人事物，讓我不論是在順境、或是逆境，都能堅定如一，打開一道道的開關，走到現在。

理專是許多客戶踏上理財之路的領路人，透過專業的資產配置，讓年輕新富賺出人生第一桶金，也讓一路不斷拼鬥的中年人累積出厚實財富，更是辛苦一生的退休族能富足生活的規劃師，讓不論是青年、中年、老年，都能安心託付財產，這正是成功理專所追求的目標。

理專這份工作的迷人之處，在於有基本薪水，然後雞生蛋、蛋生雞，惟需要靠你的堅持和信念，才能一直做下去。有些事情不要太計較，只要全心投入，我根本不在意是否有休假，假日也可以陪客戶，但前提當然是要和家人溝通好，這部份真的很感謝太太和家庭成員的包容。

很高興，因為我做了理專，我的客戶情義相挺，成為我的摯友，從他們身上我也學習到很多。在我心裡，理專就是在做善事，幫客戶賺錢，是一份傳播愛的事業，我傳遞正能量，提供給客戶的都是好產品，跟著我投資的客戶也都充滿愛、關懷和希望。有些理專累積到我現在擁有的資產就已經退休四處享樂，但我對於支持我的客戶還有一份責任，還要繼續服務才能報答他們的知遇之恩。

從事理專到了一個階段，會發現肯為別人「打開開關」是一生最大的財富，愛與關懷很重要，同時也要懂得感恩，不要一心只想賺錢，這樣反而能賺到更多錢。人與人之間，並不一定只能談競爭和利益，更好的是共贏。有了這種人格，一定會獲得物質和精神的雙重財富。也因為這樣，我從不認為客戶的問題是問題，努力幫客戶解決問題，自己快樂也創造出自我價值。

人在卡關時若想突破難關，要堅持住一口氣，有時業務靠的就是一股氣勢，機會來了你就要好好把握住。當你能感動別人，就能感動自己，我能夠有那麼多的客戶、貴人，也是因為廣結善緣，客戶便會不斷介紹客戶，客源就能源源不絕，也促使自己朝著目標一直往前走。

四十歲剛好累積到一定的人生經歷和經驗，這幾年因為大環境不景氣，很多理專業績衰退，我不但沒有「卡關」，業務還持續成長、持續突破，也顯現自己和其他理專的差異。我不用再為錢工作，希望繼續朝目標和幫助人的路徑向前邁進，客戶願意靠近我，是因為我把客戶當家人，一心只有家人，凡事為家人著想，這樣人生就沒有打不開的「開關」，萬事皆可達！

金塊文化

作　　者：陳建志
發 行 人：王志強
總 編 輯：余素珠
主　　編：賴沁沁
美術編輯：JOHN平面設計工作室

出 版 社：金塊文化事業有限公司
地　　址：新北市新莊區立信三街35巷2號12樓
電　　話：02-2276-8940
傳　　真：02-2276-3425
E-mail：nuggetsculture@yahoo.com.tw

匯款銀行：上海商業儲蓄銀行 新莊分行（總行代號◎011）
戶　　名：金塊文化事業有限公司

總 經 銷：創智文化有限公司
電　　話：02-22683489
印　　刷：大亞彩色印刷
初版一刷：2018年3月
定　　價：新台幣280元

ISBN：978-986-95982-0-0（平裝）
如有缺頁或破損，請寄回更換

團體訂購另有優待，請電洽或傳真

國家圖書館出版品預行編目(CIP)資料

打開致富開關：別把沒錢當習慣 / 陳建志著. -- 初版.
-- 新北市：金塊文化, 2018.03
208面 ;15 x 21公分. -- (Intelligence ; G10)
ISBN 978-986-95982-0-0(平裝)
1.理財 2.財富 3.成功法
563　　107002503